人生不要太多羁绊

谢文华 著

江苏人民出版社

图书在版编目（CIP）数据

人生不要太多羁绊 / 谢文华著 . -- 南京：江苏人民出版社，2019.4
ISBN 978-7-214-22874-1

Ⅰ. ①人… Ⅱ. ①谢… Ⅲ. ①金星—人物研究 Ⅳ. ① K825.76

中国版本图书馆 CIP 数据核字（2018）第 273275 号

书　　　名	人生不要太多羁绊
著　　　者	谢文华
责 任 编 辑	石　路
装 帧 设 计	尚世视觉
版 式 设 计	张文艺
出 版 发 行	江苏人民出版社
出版社地址	南京市湖南路1号A楼，邮编：210009
出版社网址	http://www.jspph.com
印　　　刷	天津中印联印务有限公司
开　　　本	710 毫米 ×1000 毫米 1/16
印　　　张	16
字　　　数	236 千字
版　　　次	2019 年 4 月第 1 版　2019 年 4 月第 1 次印刷
标 准 书 号	ISBN 978-7-214-22874-1
定　　　价	45.00元

前言
Preface

　　不攀附不将就的女子，必定是有主见而又独立的女人。她们不喜欢迎合，更不会去讨好取悦别人。她们时刻会问自己，自己需要什么，不需要的又是什么，她们举重若轻，游刃有余。而金星就是这样的女子。

　　2011年，金星坐镇东方卫视《舞林大会》的评委席，她上来就对邀请她来的《舞林大会》节目设置来了一顿批评："我认为节目'秀'的成分多了，比赛就是比赛，搞得这么花哨干什么？"

　　之后，金星更是不断爆出让人瞠目结舌的点评："我没看见你在跳舞！""你歌唱得好好的跳什么舞啊！""流泪是最弱智的表现。""看了你的舞蹈，我明白为什么年轻女孩喜欢找老男人。"她的热辣"毒舌"，全面改变了《舞林大会》评委的风格。

　　以至于所有人都惊呼："她Hold住了全场！"

　　这就是金星的个人魅力的所在。就像有人评价她说："有件事很奇怪，金星在台下你不觉得她有多好，甚至会有点担心，但她一上台，就好像换了一个人，整个人都在发光，这也许和她是舞蹈家有很大关系。"

　　魅力是一种能量场，它不单纯是某种特性的彰显，而是多种能量的积累的总和。金星的魅力也不只是因为她的某个行为、某个特点，而是她身上所有特质的叠加。这些特质包括：

　　霸气——金星说："姐背负着全世界都知道的秘密，38岁了带着3个'拖油瓶'嫁给汉斯。"风轻云淡，却霸气十足，金星说自己的霸气来自底气。她可以在舞蹈节目评委席上毫不留情面，那是因为金星是中国最杰出的现代舞蹈家之一，中国现代舞的拓荒者，获得国际荣誉无数，同时也是"上海金星现代舞蹈团"团长兼艺术总监。金星早期曾在北美与欧洲游学，是中国大陆第一位获得美国艺术研究院奖学金的中国舞蹈演员。英国普利茅斯大学曾颁发给她"荣誉艺术博士学位",法国政府授予她"法兰西共和国文学艺术骑士勋章",金星在舞蹈上的造诣和艺术上的追求远远超过观众通过电视所了解的她。

犀利——金星在《金星秀》中展现了自己伶俐爽快、犀利幽默的口才,她的"吐槽"是"稳准狠",常常一针见血地指出问题所在。金星的点评"辣味"十足,批评暴发户、小鲜肉、乱插队等等诸多社会问题,金星的麻辣金句早就火爆于朋友圈之中。金星一向是敢说敢言,同时又能把握分寸,她犀利而不过分,把辛辣的讽刺包含于幽默之中,让人大笑着思考背后的深意。

真诚——金星的性格是爽快真诚、有话直说。大多数人恋爱时都会隐瞒一些情史,金星则不是这样,她反倒是大大方方地坦白情史,包括自己的特殊经历也都要告诉对方。金星认为做人就是要真诚坦荡,对方如果不接受,那就没有必要纠缠下去,千万不能为了让对方接受而把自己变得虚伪。

大气——认识金星的人都很喜欢跟金星做朋友,因为她不拘小节,做事大气豁达,充满了北方人的爽快劲儿。金星当年犹豫着要不要做那个可以"改变命运"的手术,她考虑过后就当机立断地去做,并表示"老天爷怎么处置我就怎么处置我"。

金星的大气还体现在她不会刻意在乎外人的眼光,她只在乎自己内心的声音。这么多年金星一直顶着巨大的争议,如果没有超然的心态是很难坚持下来的。从来没看见过金星抱怨,她把光彩照人的一面留给舞台、留给观众,艰难痛苦自己承受,这就是金星的大气。

勇气——1994 年,金星受邀为春节联欢晚会编排舞蹈,然而当时的春晚导演对金星的舞蹈进行了大刀阔斧的改动,金星对此很生气:"好好一段舞蹈被改得一塌糊涂,录出来全是脸部大特写,我说你不懂舞蹈,也不要强奸舞蹈。"随即就摔了话筒,退出了春晚。这个事件上了新闻,报纸标题是:第一个摔春晚话筒的人。

金星穿着旗袍坐在沙发上,优雅而知性的气场油然而生;当金星站在舞台上,一束灯光打下来,舞者金星的气场多变,自信而强大,在舞蹈的世界里她能完全融入进去；金星在电视节目里，不断展现出霸气、聪慧的气场，她用自己的语言调动气氛，做时事评论；在与明星交流时，金星又能表现得不卑不亢，一副知心大姐的模样。金星的"百变"都基于自己的气场，她的自信、认真、强势又不乏温柔，成就了现在的金星。

在本书中记载了金星的诸多"毒舌"语录，还有金星人生中诸多关键时刻的故事，能够解读到金星对人生的感悟，对事业与家庭的态度。从金星的人生历练中我们能汲取一二，把自己的魅力提升上去，无论是在职场，还是人际交往中，气场强大的人往往更有魅力，那些不攀附不将就的女子更受人欢迎。

目　录
Contents

第一章　霸　气

1. 有一种气场叫融入骨子里的霸气 // 002
2. 自信是霸气的终极秘密——"姐在舞台上，可不只是个传说" // 004
3. 敢爱敢恨的魄力——"姐不怕得罪人" // 006
4. 决定了，就奋不顾身 // 008
5. 以强者示人，而非弱者 // 011
6. 带着收养的三个孩子，嫁给爱情！ // 013
7. 御姐范儿——说话不心虚 // 016

第二章　犀　利

1. 一针见血的凌厉爽快 // 020
2. 批评够辛辣，才够警醒 // 022
3. "刻薄"也是一种风格 // 025
4. 问到痛点，才有收获 // 027
5. 提问就像请人吃美食，贵在适可而止恰到好处 // 029
6. 骂得别人心服口服，才是情商高手 // 032
7. 有建设性的批评比和稀泥的话有用 // 034
8. 正话反说，柔中带刺的暗攻最爽 // 036

第三章　真　诚

1. 坦白情史，谈一场坦坦荡荡的恋爱 // 040
2. 不做作，不谄媚，更易给人亲近感 // 043
3. 讲个真实的故事，让人狠狠共鸣一把 // 046
4. 与其说我毒舌，不如说我真性情 // 048
5. 拿自己的经历说事，才能有感而发 // 050
6. 性格豪爽的魅力 // 052
7. 绝对不糊弄任何人，包括孩子 // 054

第四章　进　取

1. 老天爷没有把天分给每个人，如果你浪费的话是作孽 // 058
2. 人生不怕忙，就怕你无所事事 // 060
3. 幸运，是咬断牙挣来的 // 062
4. 不服输、不认命，赢了自己，赢了脆弱 // 065
5. "科班出身"就是往死里苦 // 067
6. 严师出高徒，绝对是个真理 // 069
7. 每天进步一点点 // 071
8. 每一件小事都值得努力 // 073
9. 努力的方向更重要 // 076

第五章　大　气

1. 剩下的 50%，交给老天爷 // 080
2. 对付流言蜚语的最好方法：只管向着山顶走 // 082

3. 在意别人的眼光，我就不会走到今天 // 085

4. 经历过那么多苦难，看淡了好多事儿 // 088

5. 枪林弹雨一个人顶着 // 090

6. 不抱怨，也不辩解 // 092

7. 凡事都有两面性，把别人的批评当镜子 // 094

8. 果断的魄力，办事绝不拖泥带水 // 097

第六章　勇　气

1. 活出自己的"范儿"，做别人不敢想的事 // 102

2. 不装傻，就算付出代价也要说真话 // 104

3. 不怕碰触敏感话题 // 107

4. 敢于表达自己的看法和观点 // 109

5. 我战胜自己，不战胜别人 // 112

6. 一旦选择一个方向，就走到极致 // 114

7. 绝不和自己的选择讨价还价 // 116

第七章　诙　谐

1. 没事笑笑自己，娱乐一下别人 // 120

2. 善意调侃让交流变得有情趣 // 122

3. 尴尬了，幽默来救场 // 125

4. 有创意的幽默更吸引人 // 127

5. 加入当下的元素，让语言更有趣 // 129

6. "逗贫"笑料足 // 131

7. 面对刁难，笑着反击 // 133

8. 用调侃的方式来说出心中想说的话 // 136

9. 一语双关,用语言增光添彩 // 139

第八章　智　慧

1. 语言的艺术在于:管你高矮胖瘦,都能听明白 // 144

2. 华丽辞藻的堆砌永远抵不过朴素的真诚 // 146

3. 女人的性感不是靠露多少肉来表现的 // 148

4. 婚姻就是超脱爱情的坟墓 // 150

5. 千万别与丈夫争高低 // 152

6. 什么叫会聊天?有观点才叫会说话 // 154

7. 端着油锅走红毯,分寸最重要 // 157

8. 多的是比钱更重要的东西 // 160

9. 女人可以狠,但是不能毒 // 162

第九章　立　场

1. 不消费他人的痛苦 // 166

2. 诚实比优秀重要 // 168

3. 不故作高深,深入浅出才是本事 // 170

4. 心直口快,但不侮辱人 // 172

5. 不被别人的价值观"绑架" // 175

6. 我没做亏心事,不编谎,也不花钱 // 177

7. 金星:没上学做了脱口秀,这是社会给我的责任 // 179

8. 永远把家庭放在第一位 // 181

第十章　本　色

1. 我自己知道我是谁，这是最重要的 // 184
2. 生活态度：不被动地活 // 186
3. "对真实的坚持会成为我的保护伞" // 188
4. 活就活得洒脱 // 191
5. 绝不人云亦云 // 193
6. 说自己想说的话 // 196

第十一章　心　灵

1. 孤独是灵魂的盛宴 // 200
2. 一个人旅行，让自己变小，空间变大 // 203
3. 把心敞开，世界也对你敞开 // 205
4. 从复杂中解脱出来 // 207
5. 保持一颗平常心 // 209
6. 何苦庸人自扰 // 212
7. 你能容下多少你就拥有多少 // 215
8. 你就知足吧，别追求这个那个的 // 217
9. 内心的骄傲终会让你浮出水面 // 219

第十二章　态　度

1. 我就喜欢认真 // 224
2. 憋回去眼泪，用舞蹈将你的情感传递给我 // 226
3. 每天想消失在人群里 // 228

4. "全世界我只崇拜我先生" // 231

5. 事业和家庭,从容面对 // 233

6. 我的人生不需要解释,看就可以了 // 236

7. 满满都是正能量 // 238

8. 你越不功利,生活对你越是宽厚 // 240

第一章

霸气

1. 有一种气场叫融入骨子里的霸气

气场就像磁场,有的人往那一站,就让人感觉到了被吸引的磁力。金星就是这么一位人物,她爱憎分明,言辞犀利,敢说别人不敢说的话,言语之间霸气外露。

正如金星所说:"人不犯我,我不犯人,人若犯我,礼让三分,人若再犯,斩草除根。"她的毒舌有些狂,却没人敢说她狂。没有相当的经历,怎么会有可以比肩的气魄?用金星自己的话说就是:"我为什么霸道?因为我有底气!"所以,她的霸道从来不是伪装,而是已经融进了骨子里,因为她早年的人生经历早已融入血液,成为她性格的一部分。

金星的舞台脱口秀导演王霆和她是老朋友,王霆是这样评价她的:"她资格老,我们常笑话她,像她那种'德艺双馨'的老艺术家,说什么别人都会买账。她成名早,阅历丰富,那么多年国内国际的演出经验,天然就带了大姐大的风度。她敢那么说话,而不像一般的主持或者评委去吹捧选手,是因为在她看来,这些比赛,也真就是那点破事儿,不值得那么装腔作势。"

金星曾说过:"其实我希望大家看我跳舞,你看过我跳舞,就会知道我那份自信和底气从何而来,就会知道我为什么那么毒。因为我有那个本钱呀,有那个资本。"精湛的专业能力就是金星的底气。金星自幼学习舞蹈,毕业于解放军艺术学院舞蹈系,之后获首届中国舞"桃李杯"少年组第一名,独创男子足尖舞,去法国演出。1988年,金星作为中国大陆第一位获得美国艺术研究院奖学金的中国舞者,去纽约学习现代舞。这年金星才二十岁,然而这段时间里金星经历了太多坎坷。

金星在美国留学期间,有一个同团的演员嫉妒她,金星当时很有名,拿着奖学金,还被聘为了首席编舞,那个孩子在餐厅打工,心理就很不平衡。赶上金星要参加美国舞蹈节比赛,如果没能按时报到,就要被美国舞蹈节取消资格,结果那个孩子就去警局举报金星贩毒。

男孩想甭管金星怎么解释，也都要先被拘留起来，事情弄清楚至少也要两天时间，过了报名期限就不能参赛了。金星当时的英语水平也不高，来两个警察敲门，金星还按照国内从小接受的教育，积极配合警察叔叔，让签字就签字，其实这种字在美国是不能随便签的，签了就代表你承认了。

结果金星就在拘留所待了一晚上，第二天出去后，金星气愤地打电话骂那个男孩，那个男孩就听着，挂了电话又报警，跟警察说金星威胁他。那两个警察又来了，把金星又带到拘留所待了两天。

拘留所里又热又挤，只有一个风扇，金星穿得干干净净的，吹着那个风扇。这个画面就成了金星的《半梦》开幕第一个画面，当时金星脑海里各种想法都冒出来。出去后，金星立刻坐飞机去舞蹈节报到，赶上了比赛，她把在拘留所的所有感受都编成了《半梦》，最后拿了年度大奖。

这些坎坷的经历早已把金星的心智磨练出来，用金星的话来说就是："我什么大风大浪没见过？"气场这种东西很缥缈也很实际，不是一个人嘴里的强硬就是有气场，也不是一副老大的派头就是有气场，气场是年华的沉淀，气场是岁月的升华，金星的种种阅历成就了她如今这种强大的气场。

我们看一些大人物，举手投足之间就与常人不同。已故苹果公司CEO乔布斯总是穿着黑色的毛衣和不扎腰带的牛仔裤，都不是什么名牌，但是仿佛就有调动人情绪的能量。这就是气场，它是一个人的经历、财富、能力所决定的。让一个二十岁左右的大学生有气场，简直是不可能的事。

有了实力，做事、说话自然就会有底气，有了底气才能有气场。经常因一事无成而埋怨外在环境的，必定是那些自身实力不济的人。有了底气才会产生强大的气场，所以当我们羡慕金星霸道的气场时，不妨先努力提高自己的实力，有了实力气场就自然而然地生成了。

2. 自信是霸气的终极秘密——"姐在舞台上，可不只是个传说"

谈起舞台，金星手指一划，自信地说："姐在舞台上，可不只是个传说，姐是堂堂正正的舞蹈家。"

金星现在总是"一城双演"，前一天演舞蹈，后一天演话剧，金星说："我喜欢在舞台上跳的这一瞬间，我做一城双演，一是想告诉大家我本来是舞蹈家，二是舞蹈还是小众，我希望通过脱口秀、话剧把舞蹈带起来。大家开始只以为我是主持人，看到我要跳舞，就会感叹'原来金姐还会跳舞'，看了之后，如果觉得现代舞很好看，就会对舞蹈发生兴趣。"

电视节目做得再如日中天，金星也要求自己必须走上舞台，"电视上呈现的那个金星太片面了，所以我一直想让别人看到金星在舞台上是什么样。只有这样，我才会觉得自己的脚稳稳地踩在地上，心里踏实。也只有在剧院里看过我的舞剧或者话剧，才可以说你认识金星。"

金星对舞蹈的热爱是无与伦比的，即使现在名气这么大依然保持着对舞蹈的创作。2013 年，为了创作《不同的孤独》，金星带着老公汉斯和孩子，与上海金星舞蹈团团员、安达组合在内蒙古草原上生活了十几天，用远离现代生活体验孤独的感受。金星回忆说："开始还能看 iPad，后来没电了，什么也看不了，完全与世隔绝，大家每天就在草原上聊天、喝酒、唱歌。"

正是这种独特的经历，金星深深地感受到草原上人与天、地、动物和谐相处的状态，金星表示草原人的孤独很丰满、辽阔，有一种乐观的生活态度，他们看什么都习惯长远，做事也单纯缓慢，而都市人的孤独相对却是狭隘和慌张的。金星把这些感受都搬到了舞台上，成就了《不同的孤独》。这是金星现在的生活状态，她会花很长时间创造一部舞蹈或者舞剧，丝毫不着急出作品，因为她知道作品在精，而不在多。现在金星也逐渐开始带更多的徒弟，她希望可以把现代舞传承下去。

金星成立舞蹈团也吃了无数的苦，遇到过无数的阻挠，甚至还曾被人骗过。由于看现代舞的人太少了，即使小有名气后仍然入不敷出，金星最后想出用做电视节目维系舞蹈团的办法。然而正是在这种条件下，金星舞蹈团的作品磨出来许多精品，《海上探戈》在欧洲巡演一票难求，与此同时，金星的电视节目也受到了广大观众的欢迎，也算是另外一种收获。

金星很少在电视上跳舞，因为她坚持剧场艺术，想感受金星的舞蹈最好还是到剧场去看。金星一直表示自己还是个舞蹈家，无论自己是做脱口秀还是演话剧，她从来没说过自己是主持人、演员，她永远把舞蹈当作自己的主业。

舞台上的金星是最自信、最光芒四射的，灯光打下来，金星开始舞动身姿的时候，那个金星要比电视上的金星丰富得多，不只是犀利毒舌，不只是"金姐霸气"，金星可以展现出更多的姿态，整个人光芒四射。舞台上的自信是由内而外自然发出的，也是她自己最喜欢的状态。如果不是真正的热爱，是不可能熬过严厉的练功以及艰苦的游学生活的。

金星表示："当电视事业不再需要我的时候，我随时可以离开。就算我老了跳不动了，我还能编舞，在舞台上的表现形式可以改变，但我不会离开舞台。"她还把自己多年练习舞蹈的经历都融入了脱口秀中，笑着把艰苦的往事说给观众听，同时又从中提炼出人生的正能量。舞蹈塑造了金星整个人的方方面面，她的气质、她的自信、她的阅历、她的价值观。是舞蹈成就了金星，同时也是金星的刻苦成就了自己的舞蹈。

金星无法离开舞台，那是她展示自己的最佳地点，尽管她现在频频露面于电视节目，但正如金星所说，舞蹈永远都是自己的主业。

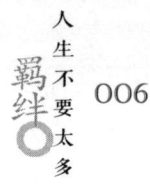

3. 敢爱敢恨的魄力——"姐不怕得罪人"

金星是一个爱憎分明的人，她说话从来不怕得罪人。有很多人都说：哎呦金星你在节目上这么"毒舌"干嘛，大家都是这个圈子里混的，以后还见不见面啊。但是金星依然我行我素，爱憎分明，该骂就骂，该夸就夸。在《舞林大会》上对明星选手进行批评，金星倒认为明星们得了好处，她说："我是来当评委的，就要做好我的工作，他们有名，我也有名哎，良药苦口，他们就偷着乐吧！"

金星曾经在《金星秀》里炮轰 H 姓小鲜肉，怒斥其一没才艺二没德行，所以除了发型一无所有。更是炮轰对方道歉时哭得稀里哗啦的，去了韩国就以为自己全宇宙最红。现场主持劝阻金星别得罪人，但她说："我得罪的人多着去了，他算老几啊。"

金星评论国内选秀节目风气："把你们的眼泪收起来，要哭回家哭。中国的选秀舞台上太多的煽情，无奈的煽情，假情的操作，把（选手）家底捞啊捞啊……我走到今天，没有在公众面前流过眼泪，眼泪不好使的，站在舞台上你要用真诚来打动我，在中国的选秀舞台上有太多廉价的眼泪和同情，把这些都收起来。通过电视直播告诉全国选秀节目，别玩猫腻，选手的私生活也好，个人背景也好，这些全是无稽之谈，靠实力……"

金星就是这样大胆直言，这是一种无所畏惧的气场，也是金星对于自己的自信。也正是金星这种不怕得罪人的"毒舌"，让她赢得了广大观众的喜欢，大家在其节目下面纷纷留言：金姐霸气！金姐主持正义了！

金星曾经说过："我不怕封杀，舞蹈才是我的主业。电视产业都这样，把你这个人榨干净了之后就找下一个了，不过我有舞蹈，我还有舞台，我能靠舞蹈养活我自己。"所以，金星最大的后台就是她自己和她的舞蹈，她不怕得罪任何人，因为自己站得正，有实力，不受条条框框的约束，再加上爱憎分明的性格，金星就一直是不怕得罪人，该说说、该骂骂，金星的毒舌就流传开来。

　　说话不应该得罪人，但若因为怕得罪人而说假话、错话或者选择不说，那就是不应该的了。一个人应该拥有一种正气和直言不讳的勇气，要敢于表达出自己的观点。你说得对、说得好，就算得罪了人，正人君子也是不会跟你计较的。

　　2014年，某演员被爆有婚外情，引起娱乐圈震荡。在《中国好舞蹈》发布会上，有记者故意采访金星，问她对此事的看法，金星非常坦然地表示："我就知道你们一定会问这个问题，我跟你们说，但我希望不要再被断章取义了。"她评论道："两个人恋爱、结婚的戏都演了，还不够么？如果觉得还不过瘾，那就再让导演加场戏呗，但是现实生活中需要的是责任。"

　　娱乐圈向来都是是非之地，关于娱乐圈的事，别人不敢说的话金星敢说，别人不能说的话她也能说，这就是金星的魅力。这种说话不怕得罪人的性格，生活中并不多见，很多人都因为权威、顶头上司不敢得罪，说起话来小心翼翼，哪怕知道对方错了，也要尽量回避。这样的人多了，这个社会也就变得虚伪了。

　　人称"相声小王爷"的王自健这样说过："我是宁得罪君子不得罪小人……我这个人的性格符合大众口味，起码我真实，所以我不会为怕得罪人而收敛锋芒。"说话不怕得罪人，代表着不虚与委蛇，不阿谀奉承。面对领导的错误，是否敢直言指出，面对朋友的错误，是否能直言相劝，这都体现了一个人的气场。做到爱憎分明并不容易，可能也会为这种直截了当的说话方式付出一些代价，但终究会得到别人的认可。

　　如果想爱憎分明，就要有一个正确的是非观念，若连是非都不能判断，又谈何爱憎分明。爱憎分明不是要把一个人或一件事分成"好"与"坏"，而是一种生活态度，为了自己内心的价值观而不怕得罪人，只为了坚守心中的原则。

4. 决定了，就奋不顾身

在生活中，有着太多让人伤神的后悔事。很多人每天都在念叨"如果当初……""要不是……"在各种过去的事情中纠结、痛苦，眉头紧锁，一脸的郁郁寡欢，谈何气质？

我们都能理智地认识到后悔是没有用的，但就是做不到不后悔。因此，能做到凡事无悔的人，一定是有担当、敢为自己的选择负责的人。这样的人洒脱、坦然，做任何事都像花儿一样全力绽放，绝不拖泥带水，从不在过往的事情上产生一丝叹气，一滴眼泪。一直以来，这就是金星的做事原则。要做，就奋不顾身，永不回头。

金星过去的生活充满传奇性，现在看来是一段曲折坎坷却又丰富多彩的传奇经历。这些对于当年正在经历这一切的金星来说，生活是那么的艰难，尤其当她做了那个著名的变性手术后，更加引来外人的非议和揣测。

金星甚至因为变性的经历而被某个节目封杀过，她发微博深表愤慨："做不做评委对我来说不重要，但公然对一个公民的性别歧视我是决不接受的！"金星说自己6岁后就觉得自己应该是个女孩，甚至幻想着有一天被雷劈一下变成女孩。

1994年，在国外拿奖无数的金星回到中国，准备做变性手术。做手术之前，有一个问题，那就是金星的身份证还是男性，以这个身份证登记住院的，做完手术后身份证没变回来就很麻烦，所以金星必须跟父亲摊牌。

金星便给父亲打电话，说自己生病了，让父亲来医院一趟。父亲见面就问："是被烧伤了吗，怎么到整形医院来了？"金星直言道："我要做变性手术，我要做女人了。"父亲愣了两分钟，抽了一支烟，说道："总算对上号了。"父亲表示小时候怎么看金星都像个女孩子，如今终于要对上号了，他是很欣慰的。

多亏了父亲的理解和宽容，让金星坚持了下来。金星曾自述做手术的一段经历，其中提到："去掉喉结的软骨时，我虽然打了麻药，但始终处在清醒状态。因为这个手术稍有差错，就会影响到我今后发声。所以，医生边做手术，边让我发出声音，直到成功地将两片软骨切割掉。我的喉结平坦了，消除了男性的特征……为了彻底去掉毛发，必须把细胞里的毛囊破坏掉。要去掉嘴上的胡须，就要从嘴线处把肉皮翻开，然后，一根一根把毛囊剔出。但是，医生说：'我今天不能给你打麻药，一打麻药，你的嘴唇会肿，这样会影响缝线，容易缝歪。'我说：'那就不打麻药。'"然而在肉皮翻开的一瞬间，钻心的疼痛就进了骨髓里，疼到后来缝那几十针都已经麻木了。

手术过程中，金星没有叫喊一声，她怕影响医生情绪。当时她全凭一种信念支撑：我要变成女人，就一定要过这一关，必须要挺过去。

在手术之后，金星的左小腿一直处于麻木状态，医生告诉她即便是能站起来也是个瘸子。而金星不接受这样的结果，她每天坚持常人难以承受的治疗和康复练习，在腿上插针、电击，从轮椅到双拐到最后抛开单拐，硬是奇迹般地重新站在了舞台上。

在《面对面》节目中，金星表示自己选择的路，从不后悔。这一路走来金星承受了太多的非议和反对，但是她从来没有因为自己过去异于常人的经历而自卑和惭愧过，她甚至对于自己这样丰富的人生感到高兴。正是得益于这些复杂的人生经历，让金星感受到了很多的人生感悟，所以金星总爱"煲心灵鸡汤"，言辞中总是充满正能量，她的知性、感性、"三观正"都来自于历经苦难的收获。

没有人能选择出身，但是我们都能选择自己的人生道路。人生的苦与甜、艰难与平坦都是一段路程，我们也没有时间为过去的经历感到后悔和自卑，当这些经历化为我们的财富时才能意识到那是多么的宝贵。

美国著名作家海明威年轻时做过很多疯狂的事，中学毕业担任记者，赶上一战爆发立刻参军，结果海明威在输送补给品时被迫击炮弹片击中，在他的腿遗下了弹片，留下一身伤痕。回国后专心做作家和记者，到了二战时海明威还来过中国，参加美国海军，驾驶潜水艇侦查敌人。后又在非洲多次捕猎，遭遇两次飞机失事，烧伤、器官破裂等伤势已经司空见惯。正是这种

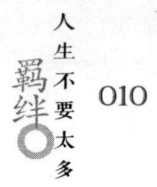

不断折腾的经历，在非洲捕猎的真实感受，让海明威写下《乞力马扎罗的雪》《老人与海》等著名篇章。

经历越丰富的人气场就越足，一个饱经沧桑的人往往有令人尊敬的气场，这种气场没有多年的坎坷经历是学不来的，也不是一个总是顺风顺水、没经历过大事的人能模仿的。所以人生中面对一些重大抉择时，要考虑得当，决定去做了就全力以赴，不要走几步就回头，否则永远都小心翼翼，活不出任何丰富多彩的人生。

5. 以强者示人，而非弱者

打小，我们就被教育要善良，要能吃亏，吃亏是福。没错，做人是要善良，要有吃亏的胸怀。但这并不意味着没有底线，相比懦弱的人，强者往往更具人格魅力。

在那个被无数人吐槽的校园欺凌事件中，金星在节目中给出了霸气的回应："首先要教育孩子们，不要欺凌别人，被欺凌时要懂得保护自己。"随后，金星呼吁："孩子们，一味地软弱和忍让只会让对方更加的猖狂，必要的时候还是要懂得学会反抗，人不犯我，我不犯人，人若犯我，礼让三分，人再犯我，斩草除根。"金星还在节目中讲述自己的例子，告诉大家要如何反击。

常言道："人善被人欺，马善被人骑。"这句话并不全对，但确实存在着这样一种现象，在工作中、生活中老实肯干、努力勤奋的人，往往会被一些所谓的"聪明人"委派更多的活，或者还会在暗地里嘲笑他，甚至刻意欺负他，因为他老实善良，不会引起麻烦。而大多数人也就选择忍耐，心里想着忍一忍就过去了。殊不知更过分的待遇还会继续出现，继续忍耐只会让我们吃亏更多，甚至尊严受辱。

生活中总有受了欺负的时候，或者受了委屈、吃了亏的时候，总是不能事事如愿，这个时候我们就要学会忍耐，咬着牙，把一些难关坚持过去。而有的时候我们却不能忍耐，因为忍耐也要分清场合对象。有的时候忍得太多就成了软弱，任人欺负。

一个人要善良，但并不意味着唯唯诺诺，对别人的伤害听之任之。俗话说"忍无可忍，无须再忍"，忍耐的耐性并不等于忍气吞声，忍气吞声有时候是忍得没有道理的。民国弘一法师一直提倡宽容忍让，但是他也曾说过："忍让，并不意味着懦弱可欺。"时值抗战时期，全国各地烽烟四起，民不聊生，弘一法师奔走多地，提倡反抗侵略者，号召："念佛不忘救国，救国必须念佛。"有人便问弘一法师："佛家不许杀生，那日本鬼子也不该杀吗？"弘一法师回答道:"我们不是侵略战,是'抗战',为人道而战,为正义而战,为和平而战,我们是以杀止杀,以仁克暴。"

的确,受人欺负侮辱时,对方一而再再而三地侵犯自己或者家人的利益,那这个时候就不应该再忍了,应该跟对方用合理的方式争夺自己的利益。还有的人做了伤害他人以及不道德的事情的时候,我们也不能忍,要立即阻止对方,所谓"路见不平,拔刀相助",这种时刻要是忍了,那正义又如何伸张呢?看到有人受到了侵害还能忍得了吗?忍了就会让这种人越来越猖獗,最后侵犯到我们自己身上。

忍耐也要分对象。有些知趣、明事理的人在发生一些纠纷的时候,我们选择忍让,对方也会退一步,并向我们虚心道歉。然而有的人飞扬跋扈,最喜欢得寸进尺,我们的忍耐对他们来说就是一种懦弱,他们会进一步地侵犯我们的利益,这个时候也不能忍。

当然,不能被人骂了立即还骂,被人打了一下立即还手打人,这不是反击,而是激化矛盾,更加达不到惩罚对方的作用。我们要用正当合法、合理的方式解决矛盾,解决分歧,这样才能够一劳永逸,达到效果。

事事忍让就成了人见人捏的"软柿子",那么对别人的善良就会被人利用。生活上的苦难要忍,别人的无心之过要忍,但是面对别人过分的恶意侵犯,面对已经严重损害自己利益的情况,就不用再忍,要像金星教导的那样霸气回击,告诉对方自己并不是好惹的,这样的气场就能够展现给别人,不会再出现因我们善良而被欺负的情况。

6. 带着收养的三个孩子，嫁给爱情！

金星在 38 岁，继变性后又做了一件令人无比敬佩的事——她带着收养的三个孩子嫁给了德国人汉斯。

世间如此不凡婚姻，不多。

世间如此霸气女子，更是少见！

在中国的传统观念里，都快 40 岁了才嫁人恐怕是要招人非议的。然而新时代的女性就是这样，有追求自己幸福的权利，年龄不是问题，国籍也不是问题，最重要的是走出这一步。

金星和汉斯的婚姻是非传统的，两个人的相遇也颇有电影情节之感。两人第一次见面在飞机上，汉斯通常只坐经济舱，恰巧那次经济舱机票售罄，才破例买了头等舱的机票，又恰好坐在金星的旁边。不知道是眼熟还是惊艳，一坐定，他的眼睛就被身边这位独特的东方女子吸引住了。

两个人十分投缘，下了飞机还交换了电话号码。几天后，辗转反侧寤寐思服的汉斯忍不住打给金星，就这样开始了他们的爱情。

此时的金星已经是三个孩子的妈妈了，她收养了三个小孩，练功的时候就把孩子放排练厅，东抱西抱，换尿布。对于自己曾经变性的经历，金星也直言不讳地告诉了汉斯，而汉斯则告诉金星他并不介意这段历史。

2005 年，金星与汉斯走进了婚姻的殿堂。金星实现了自己的梦想，成为了一名妻子，也成了"孩儿他妈"。关于家庭地位问题，金星告诉汉斯："这个家里，孩子的地位永远是第一位的，孩子永远比你更重要。"汉斯表示同意，为了给孩子创造中文环境，2005 年这个热到融化的暑日里，这个严谨而温柔的老公兼老爸，到复旦大学报名学汉语去了——原先他的中文水平只限于在家追着最小的孩子叫"萧撒儿（小三儿）"。在家里，金星跟汉斯说英语，汉斯跟孩子说德语，金星和保姆跟孩子说中文，"把孩子都搞乱了！现在孩子一开口，中文里面蹦德语单词！"

结婚后,金星再忙工作也不忘了家庭。金星再也没深夜才回家,开始像个母亲一样,每天尽量回家吃饭,周末陪老公孩子过,也会打着伞去学校接孩子放学。金星每天沉浸在美好的家庭氛围中,体会着做女人的幸福。

金星这样形容她遇到汉斯之后的生活:"以前没有他的时候,我满眼犯桃花的,但是他来了以后,一物降一物,妈呀给你定在那儿了,就你觉得,当你有那些花心的时候,一个词就出现在我脑子里,值得吗?"

金星谈论汉斯的时候,常常会进入一个幸福女人的状态。汉斯是个高个子、内敛的德国男人,金星是脾气火爆的舞蹈名家,这段婚姻不被人看好,但是金星毅然决然地选择了结婚。而且到现在金星和汉斯的感情很好,汉斯也为这个家庭牺牲了很多,定居中国,学习中文,与金星一起经营这个家庭。

在2016年《极速前进》第三季节目的录制中,金星和汉斯的情感状态被展现了出来。有一集金星变身厨娘,正在煮饭的兴头上,汉斯却帮倒忙,把各种食材在锅里翻来翻去,惹得金星吐槽他是"东北乱炖",就在火气马上提升时,平时语言犀利的金星却先行避开了。事后,金星解释称:"两人就要爆炸了,有一方就要避开一下。"

这是他们夫妻二人的相处之道。在节目中,金星还说汉斯选挑战内容太"得瑟",尽管被金星"挑刺",汉斯却仍旧满满绅士范儿,一心完成任务,用实力诠释"模范丈夫"。看金星嘴里对汉斯好像很不满意,其实看她照顾汉斯的点滴细节就知道二人感情深厚,金星给汉斯递纸巾、整理衣服、不厌其烦地同步教授他高难度动作。

金星谈到以前和汉斯吵架摔门而出,汉斯都在家里踢马甲袋发泄而不是和金星对吵。金星还说,她每晚都会放两瓶酸奶在床头,一瓶是给自己的,一瓶是给汉斯的。

金星不会过分在意别人的眼光,自己遇到想嫁的男人就嫁了。有一句话叫做"他人即地狱",一个人无论做什么事都会有人非议、质疑,想做点不一样的事情,担心别人看不惯就放弃,那生活完全就变成了为别人而活。金星如果过分在意别人的看法,不与汉斯结婚,肯定就不会有今天这样美满的婚姻了。

从青年时代赴美国学习舞蹈，再到回国做变性手术、建立国内第一个现代舞团，最后又与汉斯结婚、做节目，金星一直走在追寻自己幸福的道路上，若是看重外界的目光，恐怕她连第一步都迈不出去。

7. 御姐范儿——说话不心虚

曾经有记者采访金星:"金姐你的御姐范儿是怎么炼成的?这份自信是天生的吗?"

金星回答说:"我天生有底子,然后再日积月累积累出来的。平时独立、多看多学,一定要独立起来才有自信。"

记者又问道:"你说了那么多金句,幽默是怎么来的?"金星回答:"与生俱来的。"

生活里你会发现有的人说话声音很小,这就是不自信的体现,不敢大声表达出自己的想法,即便是说正确的想法也给人一种心虚的感觉。其实完全没必要这样,说话没自信的人往往要失去很多应得的机会,相信很多人对此深有体会。

中国人的性格含蓄内敛,尤其在人多的公共场合,很多人都没办法登台演讲,说白了就是自信心不足。有一些人总是认为自己的意见没有价值,怕别人笑话,就不愿意多说话,久而久之,即便张口也变得很心虚。很多人不是能力、口才不行,而是信心不够,导致其他方面也都"不行",当你的信心建立起来后,肯定会引来截然不同的局面。

不自信的人气场很弱,就连走路都能看出来一个人是否自信,自信的人走路似乎"带风",举手投足大开大合,而不自信的人说话声音不大,不敢发表观点,走路都有些谨小慎微,每到陌生环境就显得局促不安。

自信的人总会用积极的表达方式,有一些人出于个人性格谨慎考虑,当他说话时总是出现"或许""可能""我也不知道""还好吧"这样的词汇,这就会给人一种缺乏自信的状态。多用积极的表达方式,"一定行""我明白""这样更好"等词汇能够让整个人看起来更加自信,也会更容易赢得人们的信赖。

原一平身高153cm,其貌不扬,在他当保险推销员的头半年里,他没有为公司拉来一份保单。可是,他从来不觉得自己是一个失败的人,他总是面带微笑，让人看上去那么的精神抖擞，充满自信。终于有一天，一个常去公园的大老板对原一平产生了兴趣，他不明白一个吃不饱饭的人怎么那么自信。大老板请原一平吃饭，可原一平拒绝了，他请求这位大老板买他的一份保险，于是，原一平有了自己的第一个业绩，这位大老板又把原一平介绍给许多商业上的朋友。原一平的自信感染了越来越多的人，他最终成为日本历史上签下保单金额最多的保险推销员。

马云个子也不高，外表也不出众，当年创立阿里巴巴时一穷二白，但是他喊出要做世界500强的口号。马云寻求风投，被安排与当时软银总裁孙正义见面，马云面对此景面不改色，滔滔不绝地给孙正义讲自己公司将来会有多大前途，仅仅六分钟，孙正义就被打动了，给了马云两千万美元的风投，阿里巴巴正式起航。

自信的人往往能够产生强大的气场，甚至有一种让不可能变为可能的力量。我国著名的爱国诗人、南社创始人之一、曾任中央文史研究馆副馆长的柳亚子，曾经是一位十分严重的口吃患者。然而，柳亚子拥有着非凡的自信，甚至让人忽略掉了他有口吃的毛病。柳亚子从来不怯于在人前讲话，与友人争执时，哪怕憋得脸通红也毫不相让，即便说得再慢也毫不示弱。正是柳亚子的这种自信，让所有人把目光都集中在了他的学术上，根本没有人注意到柳亚子的口吃。

战国时期唐雎受安陵君之托前往秦国和谈，面对威名赫赫的秦始皇，出言滔滔不绝，甚至拔出剑来威胁秦始皇，最后赢得秦始皇尊重，这是何等自信和勇气。

那些伟大的演讲家的演讲录音现在听起来都让人心潮澎湃，如果他们站在台上战战兢兢，又怎么能够完成如此伟大的演讲呢？所以这种自信的气质是一个人气场的重要基础，有了自信的气场，往往在众人面前能够展现出令人信服的特质，对事业的帮助更是不言而喻。

第二章

犀利

1. 一针见血的凌厉爽快

金星曾这样描述自己的"毒舌"："我的点评是准确、有的放矢的。我不是胡说八道，也不乱发脾气。"

金星在越四奔五的年纪里，靠着一张伶俐爽快、快意恩仇的嘴，不管是明星大咖，还是布衣平民，无论是大花旦还是小红人，她吐槽起来全都得心应手。在鲜肉、萌妹统领下的看脸世界，硬是为自己杀出了一条"星光大道"，嘴上功夫实在了得。

有网友评价金星的毒舌点评是"稳准狠"，一针见血、毫不留情。民间四处流传着她的麻辣金句，都是金星三言两语就揭露乱象或者精彩绝伦的批评。让我们来见识下她的凌厉——

金星谈婚姻："所谓的垃圾老公，就是回家就喊累，抱着电脑手机就不睡，老婆一喊就嫌烦，朋友一喊就到位，朋友圈从不发媳妇的消息，媳妇发的消息几乎不关注，贱嗖嗖给别的女人点赞，笑得那叫一个灿烂，却不知道自己的老婆也在被别人关注，谁的新欢不是别人的旧爱。"

金星谈整容："爹娘基因你没的选，后天有机会想自我改良也无可厚非，前提是你得做好心理准备，万一这个医生手抖一下，很容易就从范冰冰变成马云了。"

金星谈性感："性感不是摆出来的，是要让男人惦记着你，有冲动要照顾你，跟别的男人聊天时还能聊起你。性感是要让男人追在后面跑的。"

金星谈中国人爱攀比："中国人特别爱跟人比，结婚早晚要比，生孩子早晚要比，生完了孩子还要比。人家西方人是莎士比亚，我们是啥都比呀。"

金星的语言风格以辛辣、犀利著称，但是她跟很多人不同的是，金星的话刚听上去会觉得很强硬，甚至刺耳，但是细琢磨就会发现：她说的话几乎句句在理。

一针见血地提出问题的关键所在，这也是一种气场，因为这需要强大的分辨能力和总结能力。当我们与别人接触时，如果想要迅速提高别人对我们的信任度或者认可度，就可以说几句切中要害、简洁有力的话。

国外有一句谚语，叫做："当我问你几点钟时，你不要告诉我钟表的工作原理。"有些人在给别人叙述一件事情的时候，总喜欢把事情从前因后果、起因经过，甚至当时的天气情况都要介绍个明明白白。殊不知这些细枝末节根本不是对方想要听的。

子禽问他的老师墨子："老师，一个人说多了话有没有好处？"墨子回答说："话说多了有什么好处呢？比如池塘里的青蛙整天整天地叫，弄得口干舌燥，却从来没有人注意它。但是雄鸡，只在天亮时叫两三声，大家听到鸡啼知道天就要亮了，于是都注意它，所以话要说在有用的地方。"

苏联文学家高尔基也说过："如果一个人说起话来长篇大论，这就说明他也不甚明了自己在说什么。换个角度来说，如果话语能简短而更有力，或同样有力，又何必长篇大论呢？"我们经常说一个人口才好，其实并不是指他在别人面前如何会侃侃而谈，或同样一件事经他的嘴一说就能天花乱坠，而是形容这个人往往几句话就能说到别人心坎里去。

世界上，最会说话的人不是口若悬河、滔滔不绝的雄辩之士，而是那些言简意赅、恰如其分地阐述自己观点的人。

有人说：话多不如话少，话少不如话巧。最主要的是要做到"话巧"，一个说话分场合、有分寸的人，他知道思考自己的言行，在适当的时候和地方一语击中目标，说话精辟，而且还能展现出一番智慧。

一个有强大气场的人不会废话连篇，对事件的评论往往会有自己独到的见解，总能一针见血地指出问题的核心，这种气场可以使得一个人的威严迅速提升。

2. 批评够辛辣，才够警醒

嘴巴里没有滋味？来一份正宗四川麻辣香锅，保管你吃的畅快淋漓，大呼过瘾！语言也是一样，当你听多了温和寡味的言辞，来一段辛辣批评，才能有冷水浇头的警醒，进而才有可能化作积极的动力。

金星的嘴巴从来不饶人，在《金星秀》的首期节目中，她批评了社会上为了追求所谓"腔调"而滋生的拜金、媚俗的不健康心态，进而总结说："真正有腔调的人，有他自己始终如一的生活品质，严格的审美要求和道德修养。但是他往往并不会觉得自己活得很有腔调，他只是活得认真、精致。"

金星也曾经在节目里批评过如今大行其道的相亲节目造假。面对这种现象，金星毫不留情面，用最直观的语言，最辛辣的点评，把真实的相亲节目乱象梳理开来。

金星的点评"辣味"十足，她其实是为了让自己的话更加深入人心，让人听得进去，就像一串红辣椒，辣得人满脸通红，这股辣味久久挥散不去。尤其在各种明星舞蹈节目的现场，金星的批评毫不留情，但是对明星选手们的意义还是非常大的，金星用严厉的语言使明星选手们重视每一次舞蹈，并且不断地提高。

多年的练舞经历让金星明白，批评没有力度则毫无意义，每个舞蹈演员都从小练功，这个时候不懂事最容易懈怠偷懒，有的则哭着喊着要回家。每一个舞蹈老师对不合格动作的批评都是极为严厉，这才能让小学员重视，改掉小毛病，这是对小学员舞蹈生涯最大的好处。而说话不痛不痒的舞蹈老师，很受学生欢迎，但却教不出来有成就的学生。

批评对方的意义就是在于让其警醒，而温和地批评并不能够引起被批评人的重视，导致批评毫无意义。所以既然选择了冷脸批评，干脆就一步到位，让批评产生效果，这是最好的局面。正所谓"忠言逆耳"，很多话不说出来于自己不利，于身边人不利，于事业也不利。只有"挑刺"精神，才会让自己更加清爽地走下去，所以必须要拥有直言不讳的勇气。

能辛辣地批评是一种美德。生活里，面对朋友的缺点或者毛病，我们应该进行直言不讳的批评，这种批评是善意的，只需要引起他们的注意，但不要强求对方一定改变，以免伤了彼此感情；工作中，面对同事，甚至上司有可能损害公司利益的缺点，我们就一定要指出来，否则便会纵容这种缺点慢慢放大，最后影响了公司的利益。

隔靴搔痒是毫无意义的，因为批评是一件严肃的事情，既不能轻描淡写，也不能草率从事，要认真对待，触及内心深处。如果老师批评学生，轻描淡写几句话，学生是不可能往心里去的，点头答应转身就忘。有辣味的批评会在让人感到面红耳赤之余，也会明白批评者的良苦用心。古语道："不鸣则已，一鸣惊人。"如果决定要批评，就批评得严厉些，让批评产生作用。

有人可能会觉得批评别人，会给彼此的关系带来负面影响，其实指出别人的缺点是要讲究方法的。

关于批评就有很多种不同的方法，殊途同归，都是想对方及时改正。如果我们因为怕惹麻烦，怕影响关系而看着对方的缺点置之不理的话，尤其是有关于工作的缺点，那我们实在不负责任。我们要通过巧妙的办法进行指错，让对方明白，我们指错并不是为了让他出丑，而是为了工作，为了公司的利益，如此的话，每个人都会接受我们的批评。

拿破仑·希尔曾说："有很多思路敏锐、天资高的人，却无法发挥他们的长处参与讨论。并不是他们不想参与，而只是因为他们总是心生畏惧。"直言不讳的批评刺激性大，容易伤害对方的自尊，得罪人，甚至造成许多矛盾，这需要有足够的勇气和底气。

曾有记者就陈水扁问题采访台湾名嘴李敖。

记者问："在李敖先生的心目当中，陈水扁究竟是一个什么样的人呢？"

李敖答："他是个'小店'，北方话就是他是个'小气鬼'。在当年所谓的'美丽岛事件'中，他做辩护律师，别人都不要钱，他要钱，'小店'。"

一个人气场强大，才能把批评说得深刻有辣味。能把批评说得既深刻又花样繁多，这是一个难得的功力。金星就做到了，她批评每一个明星都用不同的语言组织，批评社会乱象时更是"金句"频出，既让观众们笑，又能让观众们大呼过瘾。

3."刻薄"也是一种风格

"刻薄"听起来不是什么好词儿，但是如果能"刻薄"成一种风格，那就另当别论了。

在《中国好舞蹈》上，一名舞者上台比赛只为追回因争吵而分手的女友，一曲跳完，舞者沉浸在痛苦中近乎哽咽。言辞犀利的金星按捺不住，"这是第几个女朋友啊？"面对"当头一棒"，舞者怯生生地说"第二个"时，金星直言不讳道："第一个分手时没这么跳？"

一位以性感著称的女演员上台跳舞，金星完全不买账："看完你的舞，我才知道女人的性感和露多少肉没有一点关系。老天爷真是很公平，你不跳舞很好看，可是动起来一点都不性感。"

另有女星跳了一段性感十足的舞蹈，可是被金星评价为："你有很好的音乐感，对音乐的把握和掌控都非常好，上身表现也非常好，下身跳得一般般，和上身比起来我觉得是训练的问题，因为你腿部没有经过训练。你的上身很有表现力，但下身是'趟'着走了，所以上半身比下半身更有说服力。"

金星在舞蹈节目上对每个明星嘉宾都异常苛刻，以她的专业角度毫不留情地评论那些业余舞者明星们，乃至被冠以"刻薄"的称号。但是金星依然我行我素，她发表言论称自己在舞蹈专业上对明星选手们提出严苛的要求毫无问题，她实在是看不下去不专业的舞蹈。

尽管"讲话刻薄"从字面意思理解就是指说话不给别人留面子，但是在某些特定的场合和时间里，说话"刻薄"也是一种独特风格。因为尽管这类人说话往往能语中要害，不讲空话，从来都是有的放矢。

金星的刻薄不是尖酸刻薄，而是有要求的刻薄，是金星严格认真的体现。刻薄一点的性格在工作中非常有用。

已故苹果创始人乔布斯在很多人眼里是"恶魔"，这是因为乔布斯对工作极为认真，会毫不犹豫地批评手下，而且很多时候言词难听。苹果公司的老员工曾说："乔布斯在开会时的表现和他在发布会上的形象很不一样,他会很直接表达对产品的感觉,满意还是不满意都会直言不讳,他不会绕圈子,所以当时大家工作的压力都很大。"乔布斯这是一种刻薄,但同时又是一种鞭策,他对工作负责、对员工严格要求才会刻薄。

在一些原则性问题或者不能拖沓的事情上面,气场就应该强势一点,让对方明白其重要性。尤其是遇到了损害我们利益的时候,为了应得利益据理力争,再强势也不为过。哪怕是女性,谈吐之间也应该有一丝强势,现在在外面打拼的女人越来越多,凡事都要靠自己,如果不想被人欺负,就需要一些刻薄强势的语气来告诉对方自己并不好惹。

工作和生活中遇到问题时,甚至可以适当发发脾气。日本著名企业家松下幸之助甚至把责骂当成员工进步的动力,这种刻薄的责骂是很多企业家所惯用的树立威信气场的方法。发脾气对于一般人而言是一种应该控制的不良情绪,但是如果运用得当地使用刻薄气势,能够有效地让别人意识到问题的严重性,展现我们的威严。

4. 问到痛点，才有收获

提问的时候，很多人都怕某个问题触痛对方，怕得罪对方，结果扭扭捏捏，支支吾吾，掖掖藏藏，实在太没范儿了！

金星一般不会拣着那些不痛不痒的问题问，她问就问到痛点上，就像搔痒要搔到痒处，否则怎么会有效果？当然，她并不是不顾对方面子，相反她特别坦诚，所以被问的明星们也多会坦诚以应，基本上有问必答。

2015年，内地歌坛领军人物孙楠参加湖南卫视《我是歌手》节目，然而在最终决赛的时候，孙楠在直播当中突然宣布退赛，引起轩然大波，为孙楠带来巨大争议。

晚一些的时候孙楠来到《金星秀》，金星开场就来了几个大胆提问："有人说孙楠爱飙高音，唱法单一，面对各种负面的声音你怎么看？"

孙楠："我觉得太正常了，因为每个人的音色就那样，你让我唱低音，我真唱不了。"

金星又抛出了更大胆的提问："某台的音乐竞技节目，那个退赛事件众说纷纭的，跟姐说实话，你是输不起了，还就是让他们一把？"

孙楠："没有，我觉得我去参加比赛的时候，开始我就没说我一定要拿冠军，我只期望在这个舞台上唱我想唱的歌，我没觉得我错了，因为我岁数比较大，有时候谦让是一种美德，当然这种谦让是在电视台允许的情况下，而不是说我自己随便在一个直播上想怎么样就怎么样。"

金星："你觉得你出道以来最红是什么时候？"

孙楠："我觉得是退赛的时候。"孙楠的玩笑惹得两个人大笑起来。

有趣的是，金星的敢说敢问让一些明星都"怕"她，参加金星的节目生怕被她问到难以回答的问题，金星描述："一上来很多明星都很紧张，他们说金老师摸摸我的手，哎呦，小手冰凉，我就说别紧张别着急。"

对于明星的邀请，金星的心里也自有一把标尺："有的人不见得敢和我聊，而且我敢问很多问题，他们不见得敢回答。所以敢上我节目的人，一定是心里比较敞亮、踏实、自信的人。"那些明星在节目里跟金星聊过天后，都比较喜欢这种轻松的聊天方式，其实金星也没有刻意刁难，就是想问什么就问了。

余少群曾表示跟金星聊天像回家；张靓颖在《金星秀》跟金星聊完之后，一次演唱会上临时决定现场跟男友求婚。张靓颖给金星发了一条短信，里面表示跟金星聊完后全明白了，唱歌的时候想着金星的话，明白了自己该做什么，就表白了。

2016年里约奥运会上，中国代表团金牌数较上两届奥运会有很大的缩减，各路网友和媒体都很理性看比赛，唯金牌至上的论调少了许多。但是白岩松却在节目中提出了自己的观点："金牌多不一定没有问题，但金牌突然少了那么多，那肯定是有很大的问题的。"白岩松认为中国代表团的优势项目在减少，体操、举重、射击等传统优势项目都有下滑趋势，他还表示如果下届东京奥运会时中国队的成绩继续下滑，那么可能失去亚洲体育老大的地位。

实际上，敢问他人不敢问的问题，你才能迈出人际交往的第一步。因为这些疑问，是你打通与他人隔阂的桥梁，如果你一直沉默不语，即便你心中的疑问再多，也是无法得到根本沟通的。所以，有什么话就要大胆提出来。别怕某些敏感的提问会惹到对方，事实上只要你够真诚，对方就会理解，这种尖锐的提问实际上是良好沟通的桥梁，可以让两个人迅速找到问题的核心点，不拐弯抹角。

我们常会看到一些敢说话的人得到了他们想要的东西，比如对公司的一些制度敢于提异，就得到了公司的回应，或者在被人借了钱迟迟不还时，直截了当告诉对方应该还钱。这些情况下的不敢说，只会让我们自己吃亏。

在需要我们直截了当的时候就不能含含糊糊，直接把问题提出来能够带来最有效的沟通。敢问别人不敢问的问题是一种做人的态度，但并不代表什么都问，而是说当需要你开口说话时，就能够展现出来，同时也能善用提问技巧，把本来对方不愿意回答的问题，让对方主动进行回答。

5. 提问就像请人吃美食，贵在适可而止恰到好处

如果你逮住一个热点，没玩没了地缠着对方刨根问底，对方恐怕吓得只能逃跑了。提问就像请对方吃美食，适可而止，对方的胃才能舒服。

金星的大胆提问，常常引来观众们的侧目，但是金星并非刻意以此吸引眼球，她会大胆问出别人不敢问的问题，同时她也懂得照顾对方的情绪，金星敢问，并不意味着她不知道什么不该问。

金星与郭德纲在节目上"快问快答"："您收徒弟的标准是什么？"

郭德纲："现在跟当年不一样了。"

金星："当年什么标准？"

郭德纲："当年，是这块材料，能把相声说好我就愿意要……但是经历这么些事之后，现在我更看中的是人品问题。"

金星："这话说出来话里有话，肯定被伤过。"

郭德纲一扭头："伤大发了。"

金星："好，下一问题。"

虽然后来话题又聊到关于徒弟问题上，但是金星依然没有让郭德纲多说，只是让他谈感受，同时金星也讲了自己被学生伤过的事情。她很巧妙地避开了郭德纲不愿意提及的隐私问题，金星虽然直白，但是情商很高，能够把握好提问的尺度，有些地方可以大胆提问，有些地方也要小心回避。

提问是一门艺术，出色的提问可以让对方把原本不愿意透露的消息吐露出来，也可以引导对方在自己的思维里"打转"，但是这并不意味着提问就可以毫无禁忌，提问也应当顾及尺度，有些敏感的话要问得巧妙，有些话就干脆不问。

在生活里，如果我们以为自己很熟悉对方，都是认识好多年的朋友了，便以为当着对方的面什么话都可以问，这是不对的。每个人在心里都有不允许触碰的"点"，都会有自己的谈话底线，如果我们毫不注意，就很容易触碰

到别人的谈话底线，很有可能让对方"翻脸不认人"。尤其是对方如果本就是个比较敏感的人，那么你会因一句无心的话而触怒他，以至毁了两个人之间的友谊。

提问需要把握尺度，一些涉及隐私的问题就要尽量回避。因此，当我们提问对方时，一定要把握好个度，毕竟说出的话如泼出去的水，一旦真的撞到了对方的"枪口上"，再后悔就来不及了。那么应当在提问中如何把握这个"尺度"呢？

提问的内容要适度，我们应该结合对方的谈话内容，来提出相关问题。而这个问题必须紧紧环绕谈话的主题，如果你偏离主题，那么对方会认为你没有认真倾听，从而对你产生不好的印象，这样会对双方沟通和人际关系造成负面影响。例如著名主持人杨澜在采访的过程中，就很会把握提问内容的"度"：

《青年周末》："当时在采访希拉里的过程中，有没有你特别想问但没来得及问的？"

杨澜："其实我本来准备的最后一个问题是：你现在还有总统梦吗？这个问题我觉得也是带有刺激性的一个问题，但最后一方面是由于时间实在是不够，另一方面我也有了一点犹豫，因为在谈完两国关系的时候，突然问这个问题，其实是比较唐突的。你讲了半天我做国务卿的工作，忽然问我想不想有朝一日再当总统，在那种情况下会显得突兀。"

提问在精不在多，如果你总是问个没完没了，也会让对方感到不耐烦，进而反馈回来的答案就会很少。其实哪怕只有一个问题，只要能问到最核心处就足够了。因此，提问之前，应当有个充分的准备，想好并事先总结自己的问题，这样才能让交谈畅通无阻。

提问的方式一般分为开放式与封闭式两种。前者给对方回答的空间比较大，得到的信息比较多，但回答所需的时间也比较长，后者只用简单的是与否就能回答。因此在提问的过程中，我们一定要结合实际氛围来确定自己所需要的提问方式，这样才能让提问变得有成效。

上海电视台记者赵东升，在刚开始做记者时，曾采访过一名华裔英国女运动员，由于之前已经得知她的老家在北京，因此在采访时赵东升连续问道：

"您父亲是北京人吗？"

"您这次打算去北京吗？"

"您准备去看望在北京的亲戚吗？"

面对赵东升提出的一连串问题，这名运动员只简单地回答了"Yes"或"No"。看到运动员的简单回答，为了能了解更多的信息，赵东升又不得不转换了提问方式，问道："您准备怎样把北京亲戚的问候带到英国去呢？"面对这个问题，运动员才滔滔不绝地谈了起来。

提问的速度也影响提问的质量，如果速度过快，那么对方可能会听不清你的问题，来不及对问题作出及时反应，还会营造出一种紧张的氛围。如果速度过慢，那么会让对方不耐烦，失去和你沟通的兴趣和信心。因此，在提问的过程中，只有把握好语速才能让对方更好地接受信息，也让我们更好地得到想要的反馈。

提问是要有尺度的，有素质的人不会问对方过分的问题，金星这样敢说敢言也不会乱提问，因为她懂得什么叫尊重，并不是所有心直口快都会被人原谅，过分的提问往往会惹怒对方，所以把握一个提问的尺度是很重要的，敢于提问不代表可以乱提问。

6. 骂得别人心服口服，才是情商高手

一般人骂人，只会把对方骂急眼，不管不顾地反击。而情商高手，连骂人都能骂得人心服口服。金星绝对称得上是娱乐圈大咖中的高情商大咖。

金星在舞蹈节目上常常对选手们毫不留情，她对在台上诉苦的选手说："把你们廉价的眼泪收起来，我走到今天没有在观众面前流过眼泪，我们观众需要的是真诚。咱们是唱歌，要哭回家哭，别在舞台上哭。"

金星还说："你们为观众放选秀者的勇气啊、私生活啊，都是无稽之谈，我们站在这个舞台上要讲求的是实力。如果再玩猫腻的话金星不做评委了，太恶心了。"金星说出这么严厉的话，但是所有在场的人也都得听着，因为在舞蹈节目上，金星是以极专业的水准和态度来评判的，她的毫不留情是要对自己的专业负责。

骂人、批评最重要的是让对方心服口服，接受你的批评，无论是上级对下级，还是家人、朋友之间，要让对方接受批评并不是一件容易的事。一旦批评超过了某种限度，也就是说走出了某个"临界点"，那么批评就会起到相反的效果。

正确而有效的批评，是讲道理，摆事实，动之以情，晓之以理。美国著名的女企业家玫琳凯就善于运用这种方式。她说："批评应对事不对人。在批评前，先设法表扬一番；在批评后，再设法表扬一番。要力争用一种友好的气氛开始和结束谈话。例如，某家长为了转变自己孩子不用心学习的态度，用一种巧妙的方法批评："宝贝，我们都以你为荣，你这个学期的成绩进步了，'可是'，如果你的数学更努力一点儿的话，就更好了。"

如果能用这种方式处理问题，就不会把对方激怒。我看到过这样一些经理，他们对某件事情大为恼火时，必将当事人臭骂一顿。这是毁灭性的批评，而不是建设性的批评。人的自尊心有时很脆弱，都希望受到表扬而不希望受到批评。

正如玫琳凯所说，对事不对人是批评的第一个原则。任何时候都只是批评别人所做的错误行为，而不要批评当事人。因为是行为本身应受到批评，并不是人本身。你绝不应该在批评别人时说"你真笨"，"你是个蠢才"，"你怎么这么没头脑"等等。还有，一次犯错，一次批评，而不要将别人的错误累积在一起算总账。

骂人不一定要用严厉的批评性语言，也可以"和风细雨"，这种方式也可以让别人心服口服地接受。在我们表达含蓄式的批评时，也要讲究场合，一般来说，在有第三者在场的情况下，即使是最温和的批评也会让对方觉得没面子而愤怒，不论你的批评正确与否，他都会感到你的批评使他在别人面前丢脸。

像金星这种直言不讳地批评、骂人，其实是很难掌握尺度的。金星曾在节目里骂韩流崇拜现象："韩流在中国的现象，来得快去得也快！你看看现在大家谁还谈论鸟叔？你看前几年，鸟叔多火，可是现在无人问津。还有前一段时间，春晚的时候，人人都在讨论李敏镐，但是现在谁也不谈论他了，这就是现实，韩星火得快，消亡得也快。"金星这种严厉批评在节目的效果上来看是非常好的，在生活中就不一定适用。

另外，我们还要明白，如果当时对方真的错了，你必须让他承认并纠正错误，也应该回避"你错了"或类似的词语。你有必要运用一些技巧，使对方察觉不到"你错了"这三个字。正如一位哲人所说："必须用若无实有的方式教导别人，提醒他不知道的好像是他忘记的。"

还有，批评别人的时候要给对方"留面子"，才有让对方心服口服的余地，这不光是对自己，也是对他人的一种尊重。点破不说破，让对方知道自己错了就行了，不要一味地深究或者苛责，否则一旦你也开始咄咄逼人，或许会惹恼对方，引发更大的矛盾。

骂人要骂得人心服口服，不代表骂人时声嘶力竭、语言难听。一个有气场的人可以运用技巧三言两语就能让对方心服口服，下定决心改过了，这才是骂人的最高境界。

7. 有建设性的批评比和稀泥的话有用

在一期节目中，金星谈论起中国综艺节目几乎都是来自韩国，她说道："咱们泱泱大国，一直喊着要文化输出，但其实做的事一直是文化买进的工作。""从海外买进来货，然后再贩卖给自己的观众，但是师父领进门，修行在个人。""你也不能一味地只是'拿来主义'，希望我们的电视行业和电视人，尽快从模仿到创新的阶段上去。"

批评不是一时痛快，最要紧的是批评别人之余让人能够警醒、改过，否则批评将无意义。金星的高明之处在于她永远都把批评说到点子上，并且在批评之余往往还会给出建议，并不是犀利地给人一通批评了事。

批评后给出建议，远远比总是和稀泥更受尊重，哪怕一些批评的话语有些过，但是给大家展现出来的是一个棱角分明的形象。将自己的观点毫不掩饰地呈现出来，让对方明确知道自己话语中的重点意义，在批评中给出有建设性的意见，这是一个人愿意帮助别人改变的表现。

在某期《非诚勿扰》中，一位来自香港的29岁的男嘉宾，由于工作原因需要全世界到处飞。当谈及自己的感情经历时，男嘉宾讲道，因为自己的前女友在交往过程中总是喜欢说分手，刚开始每次自己都会认错哄她，但是时间长了就直接分手了。

对于男嘉宾口中的这位喜好谈及分手的"女朋友"，乐嘉直接提出了强烈的批评："如果我的心情不好还要我哄你，那我就愤怒了，不管是恋爱时讲分手还是结婚后谈离婚，都是愚蠢的方法，除非吵架成为彼此维系情感的一种方式，否则对方都会感到累，对婚姻以及爱情毫无用处。"随后乐嘉给出了诸多恋爱中的技巧，如女朋友生气时男方如何不失尊严又体贴地哄，以及两个人要如何互相理解和支持等等。

在批评别人的时候，给出见解和改正方法，是带着解决问题的态度。如果不给出见解，就成了为了批评而批评，对方听到你一阵莫名其妙的发火，也没有得到任何改正的方向，那么批评的效果就不会出现。

我们在批评他人的时候，还要注意以下问题：

批评要真诚。在善意地批评别人时，用这样的话开头，可能效果更加好："这件事情你也尽力而为了，虽然结果还是出了错。""我曾经也犯过这样的错误。""可能你也不明白什么地方出了错。"真诚往往最能够打动人。

进行换位思考。谁愿意犯错误呢？特别是当事人内心已经很自责时，他们更加需要别人的心理支持。因此，多说这样的话，远比批评更重要："我想你现在可能很难受。""抽空我们找个时间，一起分析一下失误的原因好吗？""我相信你下次一定会做好的。"

批评要适度。批评最好点到为止，既往不咎。"事情不发生也发生了，我们最重要的还是从中吸取教训吧。"

分清场合时机。批评的时机与场合十分重要，千万不要进行批斗会式的批评。

委婉暗示，切勿指责。面对直接批评时，任何人内心的第一反应都会不舒服，因为批评就是惩罚。暗示如同苦药丸外面的"糖衣"，利用含蓄的委婉的方式，更能达到治病救人的最终目的。指责只会让人陷入恶劣的情绪之中，导致影响理智和判断力。这样的话最好不要说："我都跟你说过多少遍了？""你为什么总犯同样的错误呢？""我看你真的是无可救药啦！"

分清对象。跟什么样的人沟通，肯定要说不同的话。很多话本身并没有问题，但用在不同场合、不同对象身上，就有可能闹大笑话。对长辈说的话跟晚辈不一样，男性跟女性不可能都一样，对朋友与对手更是立场不一样，对家人与对同事考虑的问题不一样。千万不要使角色混乱，说出不合适的话，否则，批评的效果不但达不到，还伤了和气。

在批评之后多说一些有建设性意见的话，总比和稀泥或拿犯错者撒气管用得多。在批评的过程中，我们要合理地运用批评的艺术，让自己的批评真正有价值、有意义。

8. 正话反说，柔中带刺的暗攻最爽

如果你直白否定一个人，对方肯定一脸黑。如果你正话反说，尤其是配上幽默的外衣，那简直就是柔中带刺的攻击，让人暗爽。

金星在《舞林大会》上把正话反说的力量发挥到了极致，她对每一个选手的点评都别出心裁、独具特色，换句话说是"骂人都不带重样的"。金星评价选手带来了惊喜，随后话锋一转，"惊喜是你可以跳到这么差了！你创造了《舞林大会》的一个奇迹！"金星还意犹未尽地说，"你要腿有腿要胸有胸，在舞台上就像老上海穿着旗袍在街上乱跑，没有脑子的傻女人，但有一帮男人在后面追。"

别人都是嘲笑广场舞，可是金星在这段里讲了很多社会问题，她正话反说，边说还边比划着："大妈们为什么爱跳广场舞？因为这么一比划，房价不涨了；这么一比划，医保报销解决了；再一比划，女儿嫁掉了。"这种对小人物的悲喜的同情心，让下面的人非常共鸣，下面的人听着听着都站起来了。然后她自己带头跳起了《小苹果》。

金星是这样理解的："干吗要义正词严地说社会问题？我这么一说，大家也都明白，挺好。"金星所运用的就是反语讽刺、正话反说的方式，比平铺直叙的批评更多了幽默和转折，也让她的话语更加有讽刺效果。

反语讽刺是一种很好用的表达方式，当一些话不便直说时，就可以用正话反说，明褒实贬，可以产生比正面批评更大的力量。正话反说首先得找到语言环境中的正反两种关系，并不是简单的故意把黑的说成白的，把白的说成黑的。譬如你到餐馆吃饭，每盘分量都很少，你根本吃不饱。这时不妨和老板建议："你家的菜肴很合我口味，只是盘子太大了！"这样提出建议，听起来客气，却也足以让老板在羞愧之余给你改善。不过，正因为正话反说的针对性很强，可以用来幽默，也可以用来辛辣地讽刺。

用正话反说表达不满尽显语言的智慧。某孩子在父母的朋友面前弹奏了

几段很蹩脚的钢琴曲，听得客人皱眉不已，但母亲浑然不觉，兴高采烈地向客人们炫耀说："我的儿子在音乐领域简直是个神童，他才学了一年钢琴，弹得不错吧？"有位客人说："是的，他弹得太好了，真应该让他到贝多芬面前演奏一番。"客人不好直言说弹得难听，于是正话反说点到为止，幽默地夸奖他弹得好，应该到贝多芬面前演奏，实际上是说贝多芬失聪，当然听不到如此难听的弹奏了。

还有，一次著名音乐家帕蒂拉举行独唱音乐会，可钢琴师在伴奏时，竟然沉浸在旋律中，只顾着自己表现，时不时盖过了帕蒂拉的歌声。帕蒂拉几次暗示，但钢琴师都浑然不觉。

演唱会结束后，帕蒂拉走到那位钢琴师跟前，热情地跟他握手，并极其谦虚地说："先生，今天我很荣幸能参加你的钢琴独奏会，并且能用我的歌声为您伴奏，特此表示衷心的感谢！"一句话说得钢琴师满脸通红，羞愧不已。

正话反说的讽刺带有强烈的感情色彩，可以用于对别人的猛烈回击，也可以用于很激烈的表达。运用这种方式是展现气场的一种方法，把我们想说的话在程度上提升一个档次，令对方信服。

第三章

真诚

1. 坦白情史，谈一场坦坦荡荡的恋爱

恋爱中，我们被反复教导，千万千万不能坦白到底有几个前任，和前任在一起收到过什么礼物，马路是怎么压的，饭是哪里吃的……那会大大激发恋人内心的嫉妒之火，烧坏你们之间的爱。所以，多数人恋爱，谈得都是谨小慎微，遮遮掩掩，斗智斗勇。

而金星不同，她的恋爱谈得坦坦荡荡，因为她每次都主动先坦白情史。如果对方不接受，那是咱三观不合，也就没必要纠缠下去。如果对方持的观点是"你的过去我来不及参与，你的未来我奉陪到底"的豁达，这份真诚换来的就是一份清澈见底的爱情。

在某期《奇葩说》中，谈论的辩题是爱情观，金星大胆地说："我从小到大谈了那么多男人、睡了那么多男人，我每次都坦白情史。这样我心里不累，每次喝进去的那杯酒、抽的那根雪茄、看的风景是踏踏实实的，我不希望他因为紧张破坏了我的情感和恋爱的氛围。"

金星透露自己在欧洲的时候没有人知道她的经历，但是当有人要追求她时，她都会将自己的过往和盘托出，金星还讲到自己和汉斯的恋爱经历："我先生追我的时候，我就说全世界我是个最大的包袱。但他说我对你的过去不关心，每个人都有每个人的过去，我现在认识你了，我们两个人拉着手是往前走，不是往后退。"

有的伴侣会对对方的过去很在意，隐藏过去的情史并不是一个好的选择，因为前任而发生误会的事情常有发生。所以不妨跟对方坦白自己的情史，这是一种真诚的体现。恋爱中的人总会想了解对方过去的经历，尤其是谈过几次恋爱、前任漂不漂亮（帅不帅）、经济能力如何这样的问题，在心理学上，了解一个人的过去的确有助于了解这个人现今个性和价值观的形成。

透明是毫无遮掩的态度，坦诚是尊重对方，同时也尊重自我。隐瞒的爱情并不会长远，选择一个彼此了解的关系可以让恋爱更加融洽。美剧《曼哈

顿爱情故事》里男主角和女主角相拥而眠，男主角把手垫在女主角头下，看上去很浪漫，其实男主角的手酸欲断，但是他为了做一个"暖男"，坚持不把手抽回来。而女主角心里想的是：这样睡觉好不舒服。两人内心戏十足又不敢互相拆穿，巧妙地嘲讽了影视剧里所谓浪漫桥段，并不适用于生活。这恰恰说明了当两个人相处时不够坦诚，会造成什么样的偏差。

有这样一个故事：有一对恩爱的夫妻，每天早晨两个人吃早餐时，妻子都要把面包最外面那一层烤好，抹上酱亲手递给丈夫，就这样坚持了三十年，那一天早晨丈夫终于忍不住了："我受够了！你为什么总是要给我面包最外面的！简直太难吃了！"妻子错愕地回答："我一直以为你爱吃呢，每次我都舍不得吃，你却对我这样子。"

夫妻双方如果总是这样不表达自己的真实想法，就很容易出现故事里的结果。坦诚这两个字在人的生活里占有的比重永远都比你想象的要高，它所代表的很多方面可以直接定位一个人，一旦有些许不坦诚，就可能在某些方面造成扭曲。

对于恋爱时要不要坦白情史的问题，哲学家、文学家周国平是这样说的："说到底，会被信任和宽容毁坏的爱情本来就是脆弱的，相反，猜疑和苛求却可能毁坏最坚固的爱情。我们冒前一种险，却避免了后一种更坏的前途，毕竟是值得的。"坦白情史后会有对方难以接受的情况发生，但是这也恰恰说明了二人的感情是多么的不堪一击。换句话说，不在情史问题上崩溃，也会在其他问题上崩溃。

我们不去逼问爱人的情史和经历，尊重对方的隐私，即便知道对方的经历，也要学着接受；对于自己的经历应当选择坦诚以待，这并不是说要把我们的过去毫无保留地全部说出，而是用坦诚的态度来对待未来的生活，让爱人知道我们过去是怎样的人、有怎样的经历。

两个彼此了解、彼此接受的人才能够更长久的生活在一起，无论对方接受与不接受，隐瞒藏匿终究不是解决问题的办法。所以适当地对爱人坦白情史，用坦诚的态度面对爱情，可以让我们真正地拥有爱情。

当然，坦白，也不代表一字不漏的交代，有些明显会影响你们感情的细节，还是悄悄珍藏在心底吧。因为我们不得不承认，爱情的天性就是自私的，你和前任在一起的某些细节，可能会被对方在脑子里不断地丰富强化，最后变成爱情危机爆发的一个导火索，那就有点得不偿失了。

2. 不做作，不谄媚，更易给人亲近感

古人云："不阿谀以苟合，不谄媚以求亲。"意思是，不要说奉承话来迎合别人，不要用讨好的方式来获得别人的亲善。

的确，假装的热情给人的感觉反而是疏离，谄媚也不能赢得真正的朋友。真实一点，坦诚一点，一个有血有肉的人，反而更容易让人有亲近感。

很多网友喜欢金星的原因是她真实、不做作、不谄媚的性格，在生活里，金星就是一个不做作的人，比电视上还要随性、真实，她会在没有镜头的时候开朗地言谈，跟人分享自己的生活。

金星有一个很大的特点就是"不装"。金星特别喜欢逛宜家，一般都是和老公在晚上九点半关门前赶过去（太早容易被围观），哪怕只有一样，比如选到满意的窗帘，心里也很舒服。她说家里的东西不用一次买全，"每天都有一个小惊喜"。她给女儿买了一架钢琴，告诉她："你以后长大了，结婚了，要是和你的婆婆、丈夫有什么不开心了，这个东西会是你一辈子的朋友。"

金星说："在电视上你们可以看出我是一个不装的人，我在家里更不装。我喜欢旗袍，爱吃，绝不减肥，如果不吃，人生就没有乐趣了。女人如果瘦成刀片脸，运气就算迎面来了，也会被她自己劈开。"

《世界报》的记者曾采访国际货币基金组织的掌门人克里斯汀·拉加德，采访时，记者问及她成功的秘笈，克里斯汀·拉加德想也没想便说："是真实。世界需要真实！"有些人在跟别人交流时，习惯上堆砌漂亮的言语或拼凑毫无意义的内容，过分注重说话的技巧，结果再好听的话从他们嘴里吐出来，叫人听着也觉得虚伪娇作。

有家电视台播放过一个节目，中国女足在一次足球赛上获得较好的名次后，记者向运动员问道："你们得了亚军后心情如何？你们是怎么想的？"其中一名运动员不假思索地回答道："我想最好能睡三天觉！"这样的回答让人有些出乎意料，但它质朴、没有任何修饰成分，全场顿时爆发出一片赞许

的笑声和掌声。如果这位运动员"谦虚"一番，讲一通"我们还有很多不足"之类的话，可能就没有如此强烈的反响了。

谄媚、拍马、奉承、吹捧的话语何其多，正因如此，人际交往中太需要真实、不谄媚的声音了，这正代表着一个人的生活态度，时时刻刻去展现真实的自我。有时候人们习惯了为了利益说出虚与委蛇的话，正因如此才显出真实声音的难能可贵。

金星一直是不谄媚的，有什么说什么，有时候常人可能会顾及"给对方点面子吧"，要是惹到了金星，她是不会硬着头皮给对方面子的。金星在节目中讲过一段她在韩国过海关的经历，网友们看后大呼"金姐霸气"，我们来看看金星遭遇了什么，又说了些什么。当时是韩国文化部邀请金星去演出，要求金星下飞机前就要打扮好，因为机场里就会有摄制组跟拍，本来一切都很顺利，结果没想到遇到了问题。

金星穿了旗袍下飞机，过海关的时候遭遇了韩国海关的歧视，排在金星前面的日本人一点也没耽误就过去了，到金星这儿了，她就听见两个韩国海关人员用韩语嘀咕："妈的又是个中国人。"

这两人明显不知道金星是精通韩语的，金星当即用韩语回道："要不是你们韩国请我，我根本就不会来。"韩国海关随即把金星护照扔了回来，让她重新排队，金星一下子就火了："你跟我说清楚，我凭什么要重新排队？你不说清楚，我跟你们没完。"

韩国海关没见过这阵仗，赶紧给金星盖章。金星哪能就此放过，大声说道："姑奶奶跟你们没什么好说的，叫你们头儿出来。"韩国人慌了，说："大家都不容易，你何必这么当真呢？"

金星回答道："你跟你老婆不容易跟我有什么关系？"最后金星对海关的主管人员说道："你们安排这样的人做海关官员，是给韩国丢脸。海关是一个国家的门面，你们好好反思反思吧。"出了海关，正遇上迎接的韩国电视台的记者和摄影师，他们跑过来就问："金星女士，您旅途愉快吗？"金星毫不留情："一点也不愉快！"

金星从来不为了个人利益而恭维、谄媚别人，她说话永远都有自己的原则。有时我们也真该在听不到真话的世界里问问自己：是不是经常在别人的意见里妥协？别人的言论对你影响有多大？你能否坚定自己？说真话往往需要很大的勇气，甚至有时也会付出一些代价，可是一旦我们变得做作、谄媚，就会丧失自己的气场。

不做作的说话让我们不油腔滑调令人讨厌，不谄媚的说话让我们保持自己的态度，保持自己的气场，不卑不亢地保持真我。

3. 讲个真实的故事，让人狠狠共鸣一把

　　编造的故事都是虚妄的，在真实生活中立不住脚，至多让人向往，却难以共鸣。而讲个真实发生过的故事，则能一下子引爆对方身临其境的感觉，产生很深的共鸣。

　　2015年7月，金星录制节目《奇葩说》，其中一期的辩题是"小朋友被欺负打回去 or 告老师"，这是让很多孩子家长头疼的问题，家长自然不希望孩子被其他小孩欺负，可是叫孩子被欺负告老师往往不能解决问题。对此，金星讲述了自己孩子被打的亲身经历，给那一次的辩题带来了新的方向。

　　金星自述曾带儿子去超市购物，小儿子在拿了个儿童小推车的时候被一个稍大一两岁的小孩抢夺欺负，眼看着儿子挨了一个耳光，作为"彪悍"的东北女人金星可忍不下这口气，正要"撸起袖子"反击，却反被儿子劝阻："他打我是他妈没教育好他，我要打他就和他一样了。"儿子的一番话令金星颇为震惊，感慨万分，虽然受欺负心有不甘但对儿子理性和理念的做法感到欣慰。

　　然后，金星便从这个话题聊开去，给出了两个观点，一是不赞同将告老师视为找个比自己更强大的人依靠就有用，二是家长更不能认为孩子去学校，有老师管，自己就不管了。随后马东调侃道："金星姐真的是用生动的故事告诉我们，她的主意是经常变的，就是立场变来变去，这完全看心情"，可见金星的说服力有多强大。

　　金星的观点让网友们大受启发，节目播出后，一部分曾有过被欺负经历的网友深有体会地抹泪道"看来我不是一个人，终于找到组织了啊""被欺负过的朋友们让我看到你们的双手""快让我们抱紧彼此"……金星在脱口秀中时常先讲一段真实发生的故事，或自己的故事，或是身边人的故事，来引出脱口秀的主题，再对观众讲道理。

　　讲真实的故事才能给人以真诚之感，也只有真实的故事才会更有感染力。如果我们想要让自己说出的话更加具有权威性，更加能让人信服，那么就要

在表达观点前讲述故事，而这故事最好是真实存在的，才能够增加观点的可信度，这就是"摆事实讲道理"。

有句话说得好："事实胜于雄辩。"有一年的一篇高考满分作文，考生没有华丽辞藻的堆砌，也没有新颖的创作技巧，他只是讲了一个高考前夕跟着父亲在烈日下割麦子的故事，据说看哭了好多个阅卷的老师，由此可见，一个好的故事，越是真实越能够打动人心。

生活中有些人是空有道理，说话却十分没味，别人不喜欢听。因此，如果我们想让自己的道理讲得能够吸引人，就需要有事实做依据，道听途说这种自己都没把握的事，就不要当作谈资跟别人说了。在说道理的时候，我们要尊重事实，诚实地给予表达，才能让说出的话有理又有情。

每个人都喜欢听真实的故事，因为人们不喜欢听枯燥的理论，喜欢听具有情节、对话的生动故事，所以我们可以把很多观点包含在故事当中。生活里总能见到别人用这种方法进行说服，"我见过……所以……"这样的句式就是为了增强自己的说服力而出现的。

著名作家吉卜林在向英国一个政治团体发表演说时这样说道："我年轻时，曾在印度当记者，专门替一家报社报道犯罪新闻。我记得有一个人，因为谋杀而被判无期徒刑。他是位聪明、说话温和有条理的家伙，他把他自称为他的'生活的教训'告诉我。他说：'以我本人作例子：一个人一旦做了不诚实的事，就难以自拔，一件接一件不诚实的事一直做下去。直到最后，他会发现，他必须把某人除掉，才能使自己恢复正直。'目前的内阁正是这种情况。"

这一番话引起了台下听众的一片欢呼。吉卜林没有枯燥地陈述记忆中的旧闻旧事，而是围绕准备进入的政治话题讲述了一些近乎怪诞的趣事，从而建立起自己和听众的沟通点和兴趣点。

通过极具真实性的故事，能够让对方了解到我们是基于什么情况才得出如此观点的，进而更加容易地接受我们的观点。当我们想要说服别人的时候，可以跟对方讲讲真实的故事，或发生于我们身上或身边的故事，用这种极具感染力的故事来打动对方。对小孩子可以讲一些寓言童话故事，但是对于成年人之间的沟通，唯有真实才能换来真实。

4. 与其说我毒舌，不如说我真性情

大家都知道金星"敢说"，甚至有人说她是"毒舌女王"，对于这一点金星自有说法："脱口秀的犀利一定要在点上，毒舌必须有道理。与其说我毒舌，不如说我是真性情，这也是金星的价值所在。我就是太真了，这在当今社会中可能比较难，但是不能丢掉，如果丢掉的话，我的脱口秀就没有价值了。"

金星的真性情让她显得很特立独行："金姐本来就是特立独行的，全世界谁不知道金姐是从哪儿冒出来的，所以我不怕。我可以说，金姐就是男女通吃，你走进剧场来，我已经准备好了，观众说什么我都接受，但是有一点我很自信，就是现在的人们不会因为性别来判断一个人的观点，而是要看这个人说出了什么，所以个人经历很重要，没有那段经历，我也不会有这么大的勇气来面对所有的男女老少观众。"

真性情代表着一个人的真实，跟这样的人交流会很安心，因为他们会把自己最真实的想法表达出来，不用别人揣测。崔永元在拍摄《电影传奇》时曾遇到重重困难，这件在崔永元看来很有意义的事，并不是所有的人都能理解。对此，崔永元在接受《三联生活周刊》的记者采访时说："他们不理解我，他们骂我。就是那些老艺术家看了之后觉得还行，谁也没忘记我们。我现在敢拍着胸脯说：这是有史以来中国电影收集资料最全的，从来没有过。我现在把它做出来了，我觉得很了不起，这就足够了。我不需要那么多人的喝彩，我跟媒体讲了，爱看不看。"崔永元的话虽然说得有些"不客气"，但这也正是他有主见、敢于显示真性情的表现。

如果我们想要与一个人成为真正的朋友，就要尽量做到以真面目示人，不隐瞒、不伪装、不夸张、不造作，高兴了就说高兴，不高兴就说不高兴，言行一致。因为你的真性情会更容易赢得他人的信任、愿意进一步了解你，并且也对你表现出真性情。

真性情的人说话有时候很直，甚至会因为直言不讳伤到别人，可是时间

久了大家都会愿意跟真性情的人相处，因为不用猜测他说的话，真性情的人不会阳奉阴违、表面一套背地里一套，有什么早都说出来了，这就是真性情的价值。人们也会原谅真性情的人的一些无心之言，与真性情的人交朋友会很轻松。

真性情的人不会因为利益而改变自己的说辞，在与人交往上会第一时间表现出自己真实的想法，说话也从不遮遮掩掩，整个人看上去就光明磊落。有人曾经说过，马云最为张扬的这个特点，如果用另一种思维来诠释的话，其实就是他的一种本色的出演。无论任何时候，马云在公众间的演讲，都能给大家带来一种真性情的感受，让大家看到了除去商业利益之后的那个本色的马云，因而他的每次演讲都能大获人心。

一位著名主持人曾说过："我是不主张煽情的，不要为感动而感动，要真实而真诚。这种情绪应当适当、不要太肉麻地反映出来，不要挤眼泪，也不要感动自己。对我来说实实在在传达自己的感觉，语言到位就成了。"

在如今快节奏的大都市中，会说话的人不少，但是真正能卸下伪装、展现真性情的人并不多，能在大众面前展现出最为真实的自己，是一种难能可贵的品质。真性情其实是一种做人之道，周国平说："我的人生观若要用一句话概括，就是真性情。我从来不把成功看作人生的主要目标，觉得只有活出真性情才是没有虚度了人生。"

真性情的人总能赢得别人的尊重，正如金星虽然"毒舌"，时常批评明星，但是就连那些被批评的明星也都尊重金星，因为金星就是一个敢说敢言的人。她不会为了利益或者私人恩怨说假话骂人，她永远都是有什么才说什么。

当然，真性情并不是为低素质、恶语伤人做借口，一个真性情的人也不会用恶劣的语言去谈论别人，这是事关教养的问题。一个真性情的人有什么说什么指的是会直接说出自己的不满，说出自己的意愿，直截了当地与别人进行沟通，看到不满意的现象会做出批评，不会因为怕得罪人而虚情假意地说话。真性情在于"真"，是这种"真"让我们成为被信任的人，也换来别人的"真"。

5. 拿自己的经历说事，才能有感而发

金星曾经毫不掩饰地说："我的人生经历确实很丰富，对脱口秀来说，是很有帮助的，拿别人的事说事，表演得再夸张，也没有意思。"金星过去的人生历经磨难，但是她现在很享受那段经历，因为正是那些经历让她成长，她把自己的经历融入进自己的脱口秀里，甚至可以做到用自己的亲身经历来推动脱口秀，就是无论她讲什么话题，她都能讲述一些跟自己有关并且有趣的经历。

金星用自己的经历说事，既增强了可信力，还甩了那些抄袭网络段子的同行几条街。她就是用这样一个个小故事，把自己几十年的人生观、价值观，慢慢灌输给了观众，这也是《金星秀》与众不同并难以复制之处。

金星也坦言，她有一个15人的团队在运作，大家会根据时效性找到话题，"我会看一下，咦，这个话题我有过什么经历，确定话题后团队再往里面填肉，他们的文稿都是按照我的语气写的，没有废话，最重点的就是我的现场发挥。"金星还开玩笑说道："哎呀，做电视比跳舞累，每个星期要开会，工作量很大，累脑子，耗精力，还得想办法把话说好，不能随便说的，在中国做脱口秀最不容易了。"

因为金星自己的经历是她真的体验过的，其中曲直、感受，她的发言权是最大的，我们看金星的脱口秀就会发现她会通过讲述一小段的经历，然后总结扣题，再加上她出色的表达能力，让一个话题的讨论变得风趣而有价值。

丰富的人生经历就是我们最宝贵的谈资，现在的人开口说话总喜欢说"我有一个朋友如何""我有一个同学如何"，偏偏没有关于自己的故事，听起来总是不那么可信。真正懂说话的人不会总拿别人的故事说事，要说就说自己的故事，从自己的人生经历中参透生活的经验，讲述给别人也更加拥有说服力。

与人分享自己独特的经历，是一种非常有效的说话方式。有亲身经历来分享的好处是足够吸引别人的注意力，并且能让语言变得非常丰富，而且在

讲述自己的故事时你会表现得非常熟悉，会收放自如，而且你能够讲述出大量的故事细节，让说话更加生动。

如果你要说服别人，最好用自己的亲身经历来说服，这样才能展现说话的可信度。否则空口白牙，或者道听途说的事情根本不会起任何作用，反而会让人以为你是一个信口雌黄之人。

有一段时间《来自星星的你》大热，金星就在节目中谈论韩流文化，她在《金星秀》里从服饰、艺术、饮食、整容等多个角度，深度解析韩国文化。金星是朝鲜族人，从小就生活在与韩国相似的文化环境里，她说："你们是看韩剧了解韩国文化，我从小就生活在韩剧里，要评韩流我比任何人都有资格。"金星用亲身经历告诉观众，自己小时候母亲就是说朝鲜语的，还逼着金星学，因为这样即便将来什么都不会，还可以做韩语翻译，不至于饿死。

金星用亲身经历的朝鲜文化来阐述现在的韩流，这就大大提升了话语的影响力。为什么很多名人访谈节目长久不衰，原因就在于大家乐于看到明星们在成名前的一些经历，往往能够打动很多人。

美国总统奥巴马向来不讳言自己的过去，夫人米歇尔曾经提到过奥巴马上大学的时候把牛仔裤连续穿一个月都不洗，米歇尔每周都要从芝加哥赶到波士顿去给奥巴马洗衣服，后来奥巴马当了参议员，在华盛顿的单身公寓里住，米歇尔都受不了屋子里的垃圾和味道。奥巴马也曾经承认说："每次当她来华盛顿探望我时，我都不得不到旅馆订一个房间。"

连美国总统都要用自曝亲身经历的方式增加亲和力，这充分说明了这种说话方法是非常有效的。戴尔·卡耐基的名著《人性的弱点》，在讲述真实的故事对于演讲的重要性时说："凡是看过我这本书的读者，也会发现一个现象，我同样喜欢用有趣的事情来概括总结出我的观点。《人性的弱点》当中的法则，列出来其实只有一页半而已，而其余的两百多页都是一个个具体的故事……这些故事向人们展示如何使用该书中介绍的法则。"

正如金星所说，拿亲身经历说事，才能有感而发，别人的故事对我们来说终究是旁观，自己经历过的事才能获得真正的感悟，给别人讲起来也会有可信度。

6. 性格豪爽的魅力

金星作为东北人，性格豪爽是她的一个标签。金星能喝酒，酒量还不小，曾跟她切磋过的孟非就领教过厉害，孟非曾发过一张与金星聚餐喝酒的照片，配文道："姐好酒量啊！"照片中，金星身穿红色上衣，卷发披肩，手端酒杯，和孟非豪爽对饮，大有一种不醉不归的架势。

《金星秀》中也曾把孟非邀请去，孟非和金星两位能说会道的人，来了一次畅快淋漓的对话。刚一上台孟非就表示"害怕"金星，"我怕她，怕她欺负我，从酒量就能看出来，她的量可是'一直喝'，甘拜下风。"

金星也拿出招牌式的犀利招待孟非："在这聊天很正常，为什么在《非诚勿扰》里嘴巴是歪的？"

孟非："因为紧张，我上台一直很紧张，在这像回家。"

金星："光头是无奈还是脱发？"

孟非："无奈。"

金星："为什么？"

孟非："因为脱发。"

金星："听说你是福布斯统计挣钱最多的主持人。"

孟非："你居然相信公布的数字。"

金星："你是一个很着急的人吗？"

孟非："跟你在一起我不显得急。"

聊到孩子，金星还向孟非讲"二胎"政策，鼓励孟非生第二个孩子，孟非也过来调侃金星："我发现我们是一个产业链啊，我负责相亲找对象，你负责催生二胎，这就是一条流水线啊。"

两个性格豪爽、懂说话的人交流起来的效果就是这样的，会碰撞出非常多的火花。金星是那种你跟她在一个屋子里坐着聊天，聊上多久都不会感到厌烦的人，在她身上你能感受到传统女性的优雅知性，也能感受到爽朗大方的北方人性格。

金星的一番话更体现了她性格豪爽、爱憎分明的特点："虽然金姐犀利，但金姐都是与人为善的，我一般都是捧着人说话的。如果连这点都理解不了，那么对不起，你不配和金姐对话，你的智商和情商都不够！而且我个性是直截了当，长话短说，不想浪费别人的时间，更不想浪费电视机前观众的时间。"

在节目中，金星的豪爽让观众们很过瘾，生活里金星也过得很豪爽，她从来不说废话，永远直奔主题，能迅速与人混熟，台上调侃、台下拼酒都行，当然前提对方得是金星中意的人，否则金星都不会理的，金星的这种豪爽让她的《金星秀》来了很多嘉宾，来与金星聊天、做朋友。

生活中常遇到一个人给我们讲述一件事情，讲了半天也不知所云，问他要干什么也说不清楚，拐弯抹角地一点点透露想法，简直能把人急死。这就是性格不豪爽的人的特点，说什么话、做什么事心中总有顾虑，所以说话吞吞吐吐，做事拖拖拉拉。无论男人女人，豪爽一点总是对我们的人际关系有用的。

性格豪爽的人说话多简练，从来不会废话连篇，气场一下子就提升起来。说话简洁会给人一种生气勃勃的现代感，如今生活节奏越来越快，人们更愿意与那些说话简洁的人打交道，一来在较短的时间就能获得较多的信息，二来说话简洁的人往往性格豪放、开朗，易博得对方好感，易于接近。性格豪爽人缘好，包括现在流行的"女汉子"说法，其实说的就是一个女生独立自主、性格豪爽的态度。

与金星把酒言欢的孟非也是一个性格豪爽的人，他在《非诚勿扰》的舞台上金句频出，能对情感做出温暖的评论，也能一瞬间把现场气氛调动火热。一次，孟非对台上的女教师嘉宾说："我儿时的梦想是做个小学老师或者是大学里的一门学不学都无关痛痒的课程的老师……但在我的记忆里，最多听到老师讲的话是：站起来，出去！"一句话点燃了整个现场的气氛，不仅是台下的观众，就连台上的女教师都忍不住笑出声来。

豪爽性格的魅力是直截了当的，所以人缘普遍很好，简洁大气的话语能缩减很多沟通成本，豪爽的魅力可以让我们交到更多朋友，豪爽的性格也能提升我们个人气场修为。

7. 绝对不糊弄任何人，包括孩子

金星家里摆着一张她当兵时候的照片，孩子对妈妈身份的好奇也是从这张照片开始的。金星对孩子并不隐瞒自己变性的经历，金星告诉孩子："妈妈做男人不合适，如果做男人就做不了你的妈妈了。""世界真奇妙，妈妈你小时候是个小帅哥，长大就变成女人了，但我想我现在是小帅哥，我将来可能还是个小帅哥。"孩子的同学也知道金星的经历，有时会好奇地问，大儿子嘟嘟说："你们也爱管别人家的闲事啊？把自己的事管好吧。"

5岁的嘟嘟还曾问过金星："妈妈，我们是从哪来的？"

金星觉得有必要对孩子认真回答，千万不能随口说"垃圾桶捡来的"，有些敏感的孩子会因此自轻自贱。金星首先问孩子："先说谁啊？"

"先说妮妮吧。"

"有一个阿姨在医院生了妮妮，后来……"

"妈妈你别说了，是不是这样的？那个阿姨生了妮妮，但阿姨家里有一大堆乱七八糟的事情，根本管不了妮妮，她就把妮妮给你了。"

"对，那小三儿呢？"

"我知道，有个阿姨在医院生了小三儿，但阿姨要去很远的地方，没时间管小三，就交给你了。"

"对，那你呢？"

"我不是你生的吗？"

"孩子，妈妈原来是男人，怎么能生孩子呢？"

"我知道了，其实你特想生我，但你生不出来，你就找了个阿姨帮忙，把我生出来了。你谢谢她们了吗？"

"当然。"

金星问过儿子最爱的人是谁，儿子说："两个人，生我的妈妈和养我的妈妈，"后来又补充一句，"不要嫉妒哦。"

金星笑着说："不嫉妒，那个阿姨如果不生你，妈妈也养不了你。"

抱着真诚姿态说的话才更容易走心，企业家冯仑曾说自己最欣赏的马云的特质就是不装。他说："马云非常之坦诚，非常之直率，非常之不装。即使在朋友之间，他认为你有什么事情，就会直接说出来，会把你的'上衣'扒掉，毫不留情地给你留个底裤。他不是真扒你衣服，而是从语言上就把你扒光了。"马云讲过很多道理，你会觉得这个道理，他是发自内心讲的，就是因为他一直以来坦诚的形象，他是真的对年轻人们敞开心扉地交流。

无论沟通的对象是谁，都尽量把对方放在一个平等的位置来交流。你不糊弄别人，才能换来别人的真诚以待，这是一个交朋友、与人相处的基本准则。当我们带着不糊弄的认真态度去交朋友时，就会展现出自己真诚的人格魅力。

2004年，著名物理学家丁肇中在南京某大学演讲，期间有学生提了三个问题。学生问："您觉得人类会找到暗物质和反物质吗？"丁肇中答："不知道。"学生问："您从事的科学实验有什么经济价值吗？"丁肇中答："不知道。"学生又问："您可以谈一下物理学未来二十年的发展方向吗？"丁肇中依然回答："不知道。"丁肇中的坦诚赢得了学生们的掌声，他本可以"随便讲几句"，但是他没有，不知道就是不知道，这种坦诚十分难得。

人们总会回避自己的缺点毛病，掩盖对自己不利的东西，这样确实会在一时间光彩照人，可是时间久了，缺点和毛病是隐藏不了的。并不是说你见到每个人都要告诉对方你的缺点，而是在你需要表达这些的时候要坦诚告知。比如去企业面试的时候，你可以告诉公司你的大学并不是名牌大学，但是你会很努力的学习。如果你夸夸其谈："我的英语六级早都过了，大学虽然不够著名，但是师资力量也是非常强大的。"这样即便通过面试，你也会露馅的，最后被扫地出门。

宋代名相晏殊有过这样的故事：当时宋代经济发达、文化蓬勃，每到假日官员们、老百姓都会出去游玩取乐，晏殊却不去。皇帝知道后，召见晏殊嘉奖他，说他出淤泥而不染，晏殊解释道："臣是官小没钱出去玩啊！在家中读书实属无奈啊！"皇帝哈哈大笑，赞叹他的坦诚，对他更加信任了。

坦诚是人与人交往的第一要素，没有坦诚就没有继续交往的基础，同时也唯有坦诚才能换来对方的坦诚，这样使人际交往更加友好和谐地进行下去。某些时候，如果我们想快速得到别人的信任，不妨坦诚一些，如跟人借钱就不要想借口了，把借钱缘由坦诚说出来，能够更好地使人理解。

坦诚是对别人的一种尊重，更是对自己的自信，对于自己的某些缺点、毛病没有必要隐晦，倒不如大大方方地承认出来，跟别人建立一座良好的沟通桥梁。

第四章

进取

1. 老天爷没有把天分给每个人，如果你浪费的话是作孽

金星舞蹈团走到今天已经十多年了，金星说天天都有放弃的理由，但放弃是一句话，坚持却是一辈子，她说："老天爷不是把天分给每个人，如果你浪费的话是作孽。"主持人问金星："很多人都会觉得你很幸运，无论是舞蹈上的成就，还是你爱情上的成果……"

金星用了一大段话来回答："别看我幸运，我吃多少苦，他们知道吗？我的幸运是我应得的，我没有受宠若惊的感觉，别以为我今天得到的一切都是老天爷特别眷顾我，老天爷眷顾每一个人，老天爷对我的眷顾，我感觉给了我一个天分，我把握住这个天分。"

金星表示比她有天分的人、比她幸运的人太多了，但是很多人都浪费掉了，而她却抓住了，没有让这一份天分浪费掉，金星说没有人知道她在背后流了多少眼泪，为跳舞不眠不休地练习，只看到风光的一面是不够的。

现在明星、名人很多，看上去光鲜亮丽，拍几部戏就能赚很多钱，仿佛都是一群幸运的人。可是我们看不到他们背后吃的苦，为了考进戏剧学校减重、练形体，为了赶片场几天不睡觉，或者其他领域的顶尖人物哪一个不是既有天分又付出努力的，天分是上天给的，但是进取的努力是我们能控制的。每个人面前最难的道路不是"此路不通"，而是"有路不走"，想从事一个行业却不努力，想在某个领域有所成就却无所事事，白白浪费掉自己的天分。

俞敏洪说："一个人要实现自己的梦想，最重要的是要具备以下两个条件：勇气和行动。"这往往是我们最缺少的，要么找各种借口停止对目标的追逐，要么不够坚定半途而废。有人在网上发帖说，计划骑行去西藏，后面就很多人跟帖说：我也要出发，我也想去等。过了几个月，人家都骑行回来了，曾经说也要去的人，早就忘记了自己说过要出发。有梦想才会有指引，有梦想才会有勇气，即便我们一无所有，只要我们还拥有梦想，便可以做出令人惊叹的成就。

很多人都抱怨这个世界不公平，让我们有贫穷富贵之分，让我们有健康疾病之分，让人有智商高低之分，于是就有人大声控诉生活的不公平，终日被泪水和无奈的情绪包围着。其实，仔细想来，抱怨、折磨自己又有何用？只能徒增自己的痛苦，让自己坠落得更深、更惨罢了。

面对生活，有很多事情不能如己所愿：别人得到了幸运你却与机会擦肩而过，别人获得了成功你却陷入困境，别人一帆风顺你却遭遇不幸……于是，你感叹生活是如此的刻薄，命运是如此的不公。其实，当你有这样的感叹的时候，你已经把自己命运的掌控权交了出去。

但是这个世界又是公平的，它会给我们相应的天分，能否把握住在于我们自己！我们付出了多少就会得到多少，哪怕被命运的残酷搞得遍体鳞伤，但是请继续坚持，因为努力是唯一出路，不要浪费自己天分，勇敢追逐自己的梦想。苏格拉底说："世界上最快乐的事，莫过于为理想而奋斗。"一个人只有背负明天的希望，在每一个痛并快乐的日子里，才能走得更加坚强；只有怀揣未来的梦想，在每一个平凡而不平淡的日子里，才会笑得更加灿烂。

我们每个人都存在偷懒的行为，而这种行为，是一定会在日后用失败代价返还给我们的。当众人都在为改变自己的命运而奋斗、拼搏的时候，我们如果还是没能克服自己的懒惰思想，让自己忙碌起来的话，结果一定不会向我们想象中的方向前进。只有努力才能出人头地。否则自己也只能是生活在最为渺小的那一阶层，而这一切，是每个人都不愿面对的。

尽管，我们无法预知未来会是个什么样子的，但至少明白自己有什么本领，缺点又在哪里，如果离乡在外，差距也更加明显。等到有一天自己一败涂地的时候，再怎么后悔都是没有用的，其实造成这种局面的主要原因，还是由于自己不够努力。

浪费天分、浪费大好时光的人是可耻的，如果窝在沙发里吹着冷空调，却说别人运气更好而成功的话，那么这个世界也不会对你"温柔以待"的。

2. 人生不怕忙，就怕你无所事事

金星现在事业非常忙，演影视剧、做评委、录制《金星秀》、在剧场做脱口秀，还要带她的舞蹈团，有人就关心金星的体力问题，金星很无所谓："我不怕忙，就怕无聊。"

金星9岁开始学习跳舞，她笑说那时候练得太苦了，以至于现在做什么都不觉得累，而为了保持能上舞台的状态，她每天也坚持做些运动。"做电视很苦的，有时候别人说'金老师今天太累了，休息一下'，我立刻制止：'不允许！谁也不许拿金星的体力来说事！'所以在我这，金姐不喊累，谁也不能喊累。"

金星形容自己这一辈子像在织网，"同时做那么多事，却都在互补，这样的结果反倒是充实丰富而不至于顾此失彼、疲于奔命，网的每条线我都拉得特别紧，但我不急，不急于把网做成什么样子，就像编织一样，一点一点、扎扎实实的。"

人生不怕忙，就怕你无所事事。但是有很多年轻人不愿意把自己搞得那么艰辛，的确，你可以选择安逸，也可以选择舒舒服服地躺在沙发上。但是如果选择了这条道路，在看到别人光鲜亮丽的时候就不要羡慕，自己的偷懒生活的确安逸，但是又能安逸几年，最终还是要走到奋斗拼搏的道路上，否则就可能穷困潦倒过一生。

不在最能吃苦的年纪选择安逸，不在精力最旺盛的时候选择偷懒。网络上流行一句话："当你不去旅行，不去冒险，不去拼一份奖学金，不过没试过的生活，整天挂着QQ、刷着微博、逛着淘宝、玩着网游，干着我80岁都能做的事，你要青春干嘛？"

曾诗然是北京语言大学学生会副主席、国际商学院金融专业学生、方文山校园专场讲座主持人，她出生于1992年，便获得了这诸多荣誉。曾诗然是一个才艺双全的人，自幼学习书法和舞蹈，还画得一手好工笔画，钢琴也是拿手，加上学习名列前茅还担任各种职位出席各类大赛。曾诗然就是典型的让自己的生活变得充实，去学习各种技能，培养自己的爱好，参加各种活动，把自己的生活过得丰富多彩。

心理学家罗伯特·凯根说过：人生作为一种活动本身，就是创造意义的活动。越来越多的人每天上班，"什么都没做"却身心俱疲，问题就是因为太安逸、太休闲了。忙碌的生活其实是很幸福的，每天都把时间安排满满的，没有浪费一分一秒，过得充实自在，一整天下来整个人的心情就会好很多。

安藤忠雄是当今最活跃、最有影响力的世界级建筑大师之一，安藤忠雄在年轻的时候受到了一个业主的委托，要他在山坡下造房子，年轻气盛的安藤忠雄就在60度的山坡上建造了一座美丽的建筑。该建筑得到了业主的好评，于是就又请安藤忠雄在旁边的山坡上建造更大的建筑。第一座房子的建造用时好几年，安藤忠雄就想拒绝，结果业主却道："没想到你年纪轻轻却这样没有血性！"

这一下让安藤忠雄惊醒，他接受了第二期建筑的建造，之后他又主动要求建造难度更大的第三期、第四期，前后一共花了30年的时间。安藤忠雄说："从那以后，我从不在家被动等待项目找到我，我总会主动出击。年轻人总要主动找事情做，不管在世界哪里，机会总会落到手里。"

3. 幸运，是咬断牙挣来的

金星从 6 岁起就有做女人的幻想，16 岁就做好了做女人的准备，却等到 28 岁才做变性手术。金星早就有对自己的规划：我拼命地想先得到事业上的成功，只有先做一个成功者，社会才有可能接受她的与众不同。金星说："我比其他的变性人幸运，但这幸运是我咬断了牙本身挣来的。"是的，金星为了变成女人，付出的实在太多，不顾生命、不顾外界的误解，忍受着巨大的痛苦，还有术后小腿的康复训练，最终金星得到了社会的认可。

对于大部分人来说，幸运并不是天上掉下来的馅饼，而是自己奋力争取来的奖励。中国著名钢琴家郎朗，在他的自传中写道：他刚开始踏上钢琴职业生涯时，只是一名替补，而且还是第七替补，也就是说演奏家和前面的六位替补全部病倒的时候，他才有机会上场，这几率几乎为零。但他并没有因此而放弃，依然夜以继日地练习弹奏，他的这股干劲打动了一位著名的音乐家，将他提升到了第一替补的位置。

终于有一日郎朗上台演奏，一曲终了，全场听众起立为他鼓掌整整七分钟，使他一炮走红，如今成为闻名世界的大钢琴家。如果当初他因为"第七替补"而抑郁不已，如果他当初轻易放弃，那么很可能今天的郎朗仍然是一个普通人，仍然鲜为人知。

命运会轻轻叩响每一个人的房门，只是大部分人都没有做好准备给命运开门。有些人总是抱怨上天为什么不青睐自己，总是不给自己机会，甚至还要抱怨上天不公平。可是他们却整天呆坐着等待机会上门，机会真的来临时，你又抓得住吗？

猎人外出打猎，别人劝他把枪里装上子弹，他不以为然，说道："打猎的地方还远着呢，到那时装一百发子弹也来得及。"走着走着，忽然发现水面上浮着一大群野鸭，当他忙着装子弹时，鸭子听到了响声，早已飞走了。

有一句话叫："自助者天助。"意思是老天总是帮助那些自己尝试帮助自己的人。我们应该思考一下：在真正的机遇来临之际，我们是否真的做好了准备，能够随时完成目标。比如说，当你是一个普通员工的时候，你是否就已具备了经理人员解决问题的能力，并且时刻准备着能随时替代自己的经理完成下一步的一系列动作；当你是一名经理的时候，你是否做好准备随时接受来自董事长的命令，并把它完成得当？

没有人是幸运的，我们所有人都只有努力与不努力之分。很多人这一生只能碰到一次重要机遇，然而却抓不住，这并不能怪老天不公平，而要责怪自己没有做好准备。还有一种情况就是自己毫不付出努力，却期盼着幸运降临，那简直是不可能的。

著名演员孙红雷报考中戏时，一波三折，差一点就与中戏失之交臂。那是1995年的5月22日，当时表演系专业都已招考完毕，只剩了一个音乐剧专业还在招生，那年他25岁，身高1.80米，体重178斤，一个典型的东北大汉。

老师对孙红雷质疑："你也来报考表演？"老师告诉他回去吧，老师抬起眼睛瞟了瞟他说："你知道音乐剧专业需要干嘛吗？要跳芭蕾，你看看你，你这身材能跳芭蕾吗？你的脚尖能撑得住你那大块头吗？"

离考试还有30天，孙红雷要在一个月的时间内减重20斤。当天他就找到中戏一个老乡，在他的宿舍住下了，开始了他的减肥历程。每天跑步三次，每次五十分钟，跑完以后，再到一个像蒸笼一样的温室花房，练芭蕾小跳1000下，其余的时间就是练台词。每天的饮食除了喝点肉汤，吃点水果，主食一点都不沾。刚开始，有一帮中戏超重的学生们和他一起跑，可是几天下来，那些人一个个打起了退堂鼓，只有他一个人坚持了下来。当考试开始时，他减掉了36斤，最终从700人中脱颖而出。

孙红雷考进中戏，最终凭借出色的演技脱颖而出，他幸运吗？如果不了解这背后的故事就会认为他很幸运，实际上这份幸运就是孙红雷争取来的，他不疯狂减肥考不进中戏。有几个人面对机会时能如此地下狠心，所以当我们见到别人成功时，不要再感叹其幸运，应该看到其在背后的努力。

总有人仰天长叹："为什么上天从来不眷顾我？"可是你有没有想过，真的有为了梦想不顾一切地拼搏吗？有为了目标流血流汗也不退缩吗？很多人都自我感觉良好，总觉得仿佛不费吹灰之力就能得到想要的一切，总认为会有幸运降临，其实不然，所谓的幸运就是拼搏者的努力。

4. 不服输、不认命，赢了自己，赢了脆弱

李安的《少年派的奇幻漂流》全球大热时，金星曾直言做变性手术时自己就是电影里的少年派，生命给了她一只老虎，逼迫她前进。

当时做手术时，金星忍受着巨大痛苦手术成功了，却因为医疗事故导致左小腿瘫痪，父母、好友、医生都为金星担心：不能跳舞的金星还是金星吗？

金星躺在床上看着天花板，想了很多问题，心想大不了连金星自己一起拿走算了，但是如果把金星留下来就一定有老天的道理。金星想着老天这是要看她决心有多大，金星说："如果我留下了这条命，再能留下我这条腿，那就是我金星值得老天爷为它的疏忽送礼。心里的那头老虎走了，恐惧消失了。"

金星出院半年后，腿还是凉的，但是已经有舞蹈排练找到她了，金星说："从编舞，到练舞，我咬着牙坚持了下来，冒着冷汗还在台上'一二，走！'一起排舞的演员和来视察的领导都被我感动了，所以那次排练从头到尾大家的心都很齐。两场演出的票全部卖光，黑市从三倍票价开始炒起。演出完毕，谢幕时间长达二十分钟，我的眼泪止不住地往下流。"

站在台上谢幕的时候，金星的左腿是凉的，右腿是热的，但是观众全都站起来鼓掌，金星对自己说："我赢了。不服输、不认命，赢了自己，赢了心里的脆弱，从今以后我会扎扎实实地站在舞台上，舞台还是那么爱我。"

金星如今的气场如此强大，与她当年所经历的磨难有很大关系，金星吃过太多的苦，也遭受过常人无法想象的质疑，命运一波三折，但是她从来没有过屈服，一股不服输的劲头在支撑着她走到今天。

不向命运屈服的人才能赢得命运的认可，贝多芬遭遇耳聋等病痛折磨，喊出："我要扼住命运的咽喉，它决不能使我屈服。"霍金正值大好年华却因病瘫倒于轮椅，却接连发表震动世界的物理学论文……这样的故事太多了，几乎每一个有所成就的人都在道路上挣扎过，但是他们没有放弃，更没有屈服，而是用更加顽强的斗志向命运抗争。如金星手术后不放弃希望，锻炼自

己的腿，最终重回舞台，如果那时候她认输了，那就有可能再也站不起来了。

"认命"可能是很多人面对命运无常的无奈之举，本来蒸蒸日上的生意遭到变故破产，本来幸福美满的生活遭遇打击破裂，似乎无力回天。很多人便在心里安慰自己："这都是命，我已经尽力了，这辈子就这样吧。"正是这种想法使我们泯灭于生活的苦难之中，一点挫折便打碎了斗志，这样的人早早地认了输，怎么能实现自己的梦想？

摩拉里自幼有一个梦想，那就是成为奥运会游泳冠军。他经过多年的训练跻身于世界顶尖运动员行列，然而在1984年洛杉矶奥运会上他发挥欠佳，只获得了一枚银牌。摩拉里没有放弃，他积极地为1988年汉城奥运会准备着，这一次他的梦想又破灭了，他在预选赛时就被淘汰了。

摩拉里把自己的梦想藏了起来，对奥运冠军只字不提，他认为自己没可能拿到奥运会金牌了，在接下来三年时间里他甚至很少游泳。但是，摩拉里突然意识到自己这一认命就是一种错误，不拼怎么会有成功的希望，斗志被重新点燃。摩拉里开始疯狂训练，此时距离奥运会不到一年时间。最终，摩拉里一鼓作气，超过其他的竞赛者而一路遥遥领先，他不仅夺得了冠军，也破了世界纪录。

人生总会有各种各样的磨难等着我们，贫困、病残、灾难、失败、挫折、失恋、亲人离世等等，如果为厄运所困，自甘沉沦，终将一事无成。古往今来的成功者，无一向命运低头，甚至还反过头来戏谑命运，他们能将磨难转化成自强不息的动力，绝不向所谓命运低头，这才是命运的主人。

5."科班出身"就是往死里苦

记者问金星自己的青春期怎么度过的,金星答得飞快:"我哪有青春期啊,我的青春期都献给国家了,我9岁离家学舞蹈,十三四岁是练得最苦的时候,累得和孙子一样,我也问过同学:'咱们的青春期是什么样?'同学跟我说;'星儿,我们小时候没有青春期,练功都练没了'。"

金星讲解过什么叫"科班出身",就是往死里苦,挨骂挨打是家常便饭。金星回忆当年练功痛苦经历,早上要先跑几公里热身,东北的冬天极冷,冷气直往鞋底板里渗,跑完了身子是暖的往往脚还冻着。回到练功房,一个孩子一根柱子,脚尖向上,用绳子把腿往柱子上绑,捆得死死的。正腿、旁腿、后腿,一条腿十五分钟。前两分钟风平浪静,五分钟后就是一片鬼哭狼嚎。这个训练叫"吊腿",金星说:"太形象了,训练结束后我们真的是'吊'着自己的腿在走路。"

19岁金星到了美国,第一想法就是改行。然而她一句英文不会说,一个朋友也没有,还是只能跳舞、练功。金星在美国学校的排练厅,第一次站在了最后排,跳了十五分钟,那些外国舞蹈演员都退到后面看金星跳舞,那一刻她明白了,舞蹈是自己最擅长的,她什么都没有,但还是可以用舞蹈征服所有人,改行的念头烟消云散。

奖学金不再发放后,金星为了挣学费有时候一天就吃一顿饭,做过各种兼职,受过各种白眼,但是她没有任何烦恼,因为她可以跳舞。金星回忆道:"我兜里只有十元钱的时候我还能在街上一脸阳光明媚地走着。"这就是一个在奋斗中的人的幸福状态。

真正懂得努力的人不会在朋友圈发一些可怜求同情的内容,心无怨尤,往往默默地把事给做了,在别人休息的时候流血流汗,在别人吃喝玩乐的时候坚持自己的事业,对于很多有所成就的人来说,美好的青春期都是在学习、练功中度过的,本该贪玩的年纪吃了很多苦,却成就了一生的财富。

"努力不一定能够获得一切，但不努力的人一定一事无成。"上帝给予我们每个人一个大脑两只手，就是让我们有了梦想就要靠双手去奋斗，把别人眼里的不可能变成自己奋斗路上的动力。即使付出了很大努力最后都没有成功，但是你一定在奋斗的过程中收获到了很多，奋斗一定不会让你退步，只会帮助你走的更远。

一个人，可能今天他还没有什么成就，可就像是滴水穿石、精卫填海一般，只要坚持不懈地奋斗下去，就算是天生愚钝的人最后也会变成一个大有作为的人。笨鸟先飞，勤能补拙，如果我们肯努力下功夫钻研，就一定能成为一个优秀的人。努力奋斗可以改变一个人的命运，令他从一个一事无成的人变成一个成功者。

中国著名数学家华罗庚因为家庭条件困难只上到初中，他的老师介绍他在母校做工，让他边工作边学习，后来华罗庚得了伤寒病躺了足足半年，左腿终生残废。然而华罗庚每天晚上在油灯下研读借来的代数、微积分书籍，经过几十年的努力，最终成为了一代数学大师。华罗庚获得成功的经历给了我们这样一个启示：不相信运气，而相信自身力量的人，相信凭自身努力就能获取成功的人，才会成为真正的强者。

这世界上没有不劳而获的成功，想要功成名就，又不想吃苦挨累，那无异于痴人说梦。作家格拉德威尔在《异数》一书中指出："人们眼中的天才之所以卓越非凡，并非天资超人一等，而是付出了持续不断的努力。一万小时的锤炼是任何人从平凡变成超凡的必要条件。"这就是"一万小时定律"。

每个行业里的大师、专家都是从什么都不懂走过来的，但是他们经历了极长时间的锻炼，重复地做，最终在自己的领域登峰造极。"科班出身"四个字往往代表着数十年如一日的苦练和汗水，正是台上一分钟，台下十年功。

天生就会跳简单舞步的人有很多，经过学习跳舞很棒的人也很多，但是跳到国际上拿奖无数的人没几个，天赋和努力缺一不可，金星把青春期献给了舞蹈，才成就了她如此高的舞蹈成就。

6. 严师出高徒，绝对是个真理

金星自幼受到的舞蹈训练就是极为严苛的，她的舞蹈老师对她非常严厉，到现在金星做评委了，她也会对台上的选手严厉。金星曾对选手直言："憋回去眼泪，用舞蹈将你的情感传递给我。"金星表示这对选手有好处，她自己能走到今天就是在严厉、尖刻和犀利的教导下出来的，"严师出高徒，这绝对是个真理，而且别忘了，我们的平台并不是忆苦思甜大会。"

金星小时候一门心思到部队学跳舞，她母亲最开始不同意，金星绝食抗议，母亲让她对自己的选择负责。金星写了两封保证书，一封写着参加文工团是自愿，以后绝不后悔，不怪父母。另一封写着一个九岁的孩子决定当兵跳舞，请努力培养他，交给了部队领导。收拾行李进了部队，再回家已经是两年之后了。

因为实在是太苦，金星回到家也曾跟母亲提出过想放弃，母亲告诉她选择了就要勇敢坚持。金星又回到部队，才有了现在的成就。

吃得苦中苦，方为人上人，这句话很多人都听过，但是做到的人并不多。2015年获奖无数的电影《爆裂鼓手》讲的就是一个严师出高徒的故事，电影中的魔鬼教师极其严厉，为了学生提高乐器水平无所不用其极，甚至辱骂学生，用凳子甩学生。男主角在这种逼迫下疯狂练习架子鼓，每天练到手出血。甚至在最后不堪重负退出乐队，并举报教师进行报复，可是最终他还是回到舞台，用最快的手速击打出教师渴望的鼓点。

吴国的太宰伯问子贡说："孔夫子是位圣人吧？为什么这样多才多艺呢？"子贡说："这本是上天让他成为圣人，而且使他多才多艺。"孔子听到后说："太宰怎么会了解我呢？我小时候生活艰难，因为要谋生，所以才学会了这些本事啊。"

明初大文学家宋濂曾经在《送东阳马生序》里自叙自己年少时读书所经历的磨难："余幼时即嗜学。家贫，无从致书以观，每假借于藏书之家，手自笔录，计日以还。天大寒，砚冰坚，手指不可屈伸，弗之怠……当余之从师也，负箧曳屣行深山巨谷中。穷冬烈风，大雪深数尺，足肤皲裂而不知。至舍，四肢僵劲不能动。"这份磨难让宋濂格外珍惜自己的读书机会，他用上了一切的努力来读书，后来成为"明初诗文三大家"，被明太祖朱元璋誉为"开国文臣之首"。

璞玉没有经过打磨之前只是一块石头；宝剑没有经过淬炼以前只是一块废铁。没有经历过人生风雨的人，永远都只是生长在温室的花朵，虽然娇艳美丽，却经不起风霜。困难虽然是阻挡成功之路的绊脚石，同时也是助推成功的踏板。经历过重重苦难考验的人，才能磨练出顽强的意志，才能有勇气面对更大的困难，才能在成功之后，依然保持警惕，不至于让成功来得快，去得也快。

冯仑说，伟大都是熬出来的。为什么用熬？因为普通人承受不了的委屈你要承受，普通人需要别人安慰鼓励，但你没有；普通人以消极指责来发泄情绪，但是你不能，历经磨难也不能放弃，累了一天瘫倒在床，第二天还要早起奋斗。大部分人都缺少自我坚持的素质，所以才需要严师的督促和鞭策，让我们时时保持奋斗的姿态。或许有些老师真的太严格，要求太高，可是当你真正经过这些千锤百炼过后，就会发现自己的成长要比别人快许多。

整夜整夜学习很累、一遍又一遍弹奏乐谱很累、反复操练演奏的曲目很累，但是只有这样才能让我们的技艺日渐精湛，使我们去掉身上的杂质变得光亮。就像河蚌要忍受砂砾在身体内重重折磨，最终孕育出珍珠。

如果你觉得自己自制力不够，不能主动严格要求自己，那就去找一个严师监督，把自己的努力坚持下去。

7. 每天进步一点点

金星在谈到自己曾经练功的艰辛时表示，每天练功的内容看似都是一样的，不断地吊腿之类的，但是如果细心感受自己身体的变化，就能够明白，自己每天都在发生变化，自己的身体能坚持的时间越来越长，最后达标，更换下一个艰难的项目。

金星说每个人都有远大的梦想、目标，这是正常的，可是很多人都在这些大目标面前望而却步，一看那么遥远怎么实现啊，其实只需要每天进步一点即可，只要能够长时间坚持下来，就会有很大的变化。就怕短暂的人生一天天浑浑噩噩地过，每天都没有进步，实际上就是退步。

网上有个有趣的数字游戏：1.01 的 365 次方是 37.78，0.99 的 365 次方是 0.025，365 次方代表一年的 365 天，1 代表每一天的努力，1.01 表示每天多做 0.01，0.99 代表每天少做 0.01，你看差别太大了，365 天后，一个增长到了 37.8，一个减少到 0.03！

1.01=1+0.01，也就是每天进步一点，1.01 的 365 次方也就是说你每天进步一点，一年以后，你将进步很大，远远大于"1"；0.99=1-0.01，也就是说你每天退步一点点，你将在一年以后，远远小于"1"，远远被人抛在后面，终将会一事无成。

每天多做一点点，积少成多，就会带来巨大的飞跃。进步，就是向前走，就是今天比昨天强，就是对现状有所突破，就是用一种崭新代替一种陈旧；进步，可以是多会一个单词多攻克一个难题，也可以是思路清晰一点、效率提高一点，甚至可以是走路比以前更精神几分、胆量比以前更增添一点。

进步，不需要很多，一点点就好。

有一个经典的故事：有一位大师，几十年来练就一身"移山大法"，他表示可以当众表演移山，众人前来观看，大师站于山前良久，说："山不过来，我就过去。"现实世界中有太多的事情就像"大山"一样，是我们无法改变的，这告诉我们：如果事情无法改变，我们就改变自己，即便"大山"离我们很远，一步一步走总会到达。我们要做的是向"山"一步一步走过去，尽管可能路途遥远，你每走一步都更近一点；但如果不去走，那就永远也不能抵达。

荀子说："故不积跬步，无以至千里，不积小流，无以成江海。"做任何事都不可能一下子做好，要靠不断积累，才聚沙成塔。假以时日，每个人都可能获得天壤之别。成功不是一蹴而就，罗马不是一天建成的，每天进步一点点，贵在每天，难在每天。"逆水行舟用力撑，一篙松劲退千寻。"要耐得住寂寞，不因收获不大而心浮气躁，不因目标尚远而情移心摇，带着持之以恒的韧劲和不撞南墙不回头的气势向前冲去。

人生是场马拉松，如果你站在起点向前望，结果被遥远的跑道吓到，不敢迈开脚步，心里嘀咕着："这么远啊，什么时候才能跑到尽头，太阳这么毒，干脆算了吧……"这样是永远也到达不了终点的，马拉松运动员的训练方式就是每天进步一点，坚持每次比上次快零点几秒，长年累月训练下来，可能就打破了世界纪录。

齐白石老人在晚年时坚持每天入睡前画一幅画，多为练习之作，几乎从不间断，有两次众人给他庆祝大寿忙得很晚了，齐白石也熬着夜画上一幅，几十年的坚持让他的画越来越成熟。撑杆跳高王子布勃卡的记录是一厘米、一厘米升高的；110米跨栏飞人刘翔的速度是0.01秒、0.01秒加快的。

每天进步一点点，听起来好像没有冲天的气魄，但却是一种懂得日积月累的坚持，聚少成多的进步才坚固，这样的人才是一个脚踏实地、懂得进步的人。我们不需要一个礼拜看完好几本书，只需要保持阅读习惯，每天阅读一个小时、半个小时，坚持十年、二十年；我们不需要花高价参加各种培训班速成英语，可以先从单词入手，每天背下三个单词，坚持一段时间后，再深入学习英语会容易得多。

一些人之所以"士别三年，当刮目相看"，气场从弱变强，就是因为他们每天都在一点点地进步。这点进步，短时内看不出什么变化，但日积月累，经年累计，最终厚积薄发，让人忍不住惊呼不可思议。其实，这不是岁月的功力，而是一个人每天坚持努力一点的能量大爆发。

8. 每一件小事都值得努力

　　金星对她的观众表示，自己一路走来无论在任何时候都保持着一个努力认真的态度。她不会把事情分为三六九等，只要让她做，她就做到最好，跳舞和脱口秀是她的事业，努力是应该的，在生活里哪怕是做家务这种小事她也会努力做好，这就是她的人生态度。

　　古语有云：一屋不扫，何以扫天下？意思是说，如果连小事都不愿意做，怎能干大事业呢？不管干什么事都不可能一蹴而就，没有人可以平地起高楼，空中楼阁只是海市蜃楼般的幻想而已。凡事都要是从小事起步的，积累一点一滴的进步，由量变到质变，最终才能干成一番大事业。

　　正所谓，"天下大事，必作于细"。在你眼中的小事，却可能是别人心中的大事。在当今这个浮华时代，不少人眼高手低，心浮气躁，不屑于做小事，认为天生我材就是成就大事的，认为对身边的琐碎小事过于认真是浪费时间和精力。殊不知，每一件小事都是磨练，人生是一个积累的过程，没有积累也就没有办法登上最高山峰。

　　做小事是一回事，做好小事又是另一回事。做好每一件小事就是不平凡的，这需要十足的耐心，每一件小事都是对自身的提升和修炼，不能因为它们"小"或者低微就鄙视、不在意。

　　美国一位前国务卿刚进入职场时，唯一能做的工作就是清洁。但他并没有抱怨，相反，却把这样一份微不足道的工作做得有板有眼，而且在工作中不断吸取教训，总结经验。他甚至还研究出一个拖地板的诀窍，可以使地板拖得又快又好，省力又省时。所以老板一直关注着他，断定他是一个人才，于是破例提升了他。多年后他在回忆往事时说，他工作后积累的第一个人生经验就是从小事做起，对每一件事情都不能掉以轻心。

　　在我们的日常生活中，经常会出现这样两种人：一种是不想做小事的人，一种是做不好小事的人。大事做不好，小事不想做，是第一种人的写照，他们认为自己有水平、有能力,对一般的事不做,不加理会。第二种人愿意做小事,但意识里认为小事做好的要求和标准不高,敷衍应付,事不经心。这两种人最后都将一事无成。

很多老板都是从服务员做起的,很多大将军都是从士兵做起的。做好一件小事需要的不仅是耐心、细心,还有一颗积极向上的进取心。把小事做到完美的人就一定能成就一番大事,因为对小事的认真苛刻正代表了一个人做事的态度,任何时候都保持了一丝不苟的习惯。

汤姆·布兰德进入美国福特汽车公司。刚开始,他对工厂做了一番了解。一部汽车由零件到装配出厂,大约要经过13个部门,每个部门工作性质都不相同。他主动要求从最基层的杂工做起。汤姆的父亲不解地问儿子:"总是做一些焊接、刷漆、制造零件的小事,恐怕会耽误前途吧?"汤姆笑着说:"我并不急于当某一部门的小工头。我以胜任领导整个工厂为工作目标,现在,我必须花时间熟悉整个流程,不仅要知道汽车椅垫如何做,还要懂得整辆汽车是如何制造的。"汤姆·布兰德就是在做好每一件小事中获得了成长,并最终成为福特公司最年轻的总领班。

成功的机遇就潜藏在身边的小事中,只有脚踏实地做好每一件细小、琐碎的工作,把它们作为锻炼能力、提高自己的机会,把它们当成向更高目标迈进的踏板,幸运之神才会眷顾我们。一颗露珠能折射太阳的光芒,一件小事情能够蕴含着一个大机会。因此,不论我们做什么事都不要眼高手低,否则将会错过很多机会。

海尔总裁张瑞敏曾经说过:"把每一件普通的事情做好就是不普通;把每一件平凡的事情做好就是不平凡。"其实,生活中每一件事都不是小事,比如有某些坏习惯,这是小事,但这些坏习惯在关键时刻往往会坏了大事,所以生活里任何事都需要我们重视,不能顾此失彼,不能因为急躁就丢掉所有的小事,一门心思要干大事。

李斯在《谏逐客书》中说:"泰山不让土壤,故能成其大;河海不择细流,故能就其深。"无数小事的积累,才会堆叠出泰山一样的高度;无数小事的汇集,才会聚集成大海一样的广阔,人生的宽度和深度,正是由这些不起眼的事情形成的，所以想做大事的人万万不可操之过急，做好小事就已经成功了一半。

9. 努力的方向更重要

2016年，国内知名问答网站知乎找到金星做了一条电视广告，广告里金星没有台词，她作为一个舞者在跳舞，摔倒在地，旁白给出问题："为什么努力？"经过几个场景转换，最后镜头是金星对着镜子描眉，带着似有似无的微笑。

金星一直以来在自己的领域里努力，她的热爱、她的擅长是舞蹈，她就在这条路上一直走。现在进军话剧、电视节目，也是金星爱说话有口才的特点展现，她不会往自己不喜欢又不擅长的领域进发，金星懂得自己在为什么努力，以及如何去努力。

选择一个正确的方向比刻苦努力更重要，如果方向是错的，那么刻苦努力将是在做无用功。有一位诺贝尔奖获得者在谈到他成功的经验时说："从容思考，从速实行，方向永远比努力更重要。"当人生的道路不顺时，不妨换一个方向试试。

有一则寓言，是说有两只蚂蚁想翻越前面一堵墙，寻找墙那边的食物。墙有20米长，高近百米，其中一只蚂蚁来到墙前毫不犹豫地向上爬去，辛苦地努力着向上攀爬。可是每到它爬到大半时，就会由于劳累疲倦而很快地跌落下来，可是它不气馁，它相信只要有付出就会有回报。它迅速地调整一下自己，又开始向上爬。而另一只蚂蚁观察了一下，决定绕过这段墙去。这只蚂蚁绕过墙来到食物面前，开始享用起来，而第一只蚂蚁还在不停地跌落下去又重新开始。

人生的方向决定人的一生，选错了方向会让我们走入歧途，走很大一圈弯路，甚至南辕北辙，离目标越来越远。台湾著名出版商郝明义在他的励志著作中，曾经提到过这样一件事："有一年，我在马来西亚的一个小岛上游泳，游着游着，海底一下子变得昏暗模糊起来，我觉得越游离岸越远……我双手发软，无力继续划动，所以游泳的节奏都已乱掉。"在这个危急关头他意识到自己要找到岸的方向，他努力辨别方向，依仗着这个信念游了过去，最终获救。

他得到了一条哲理："只要方向没错，就要相信通过自己的努力，一定可以达到目标。"

白岩松在《痛并快乐着》里写道："方向是比速度更重要的追求。"一头鲸被发现死在英国东约克郡的草原上，而它死亡的地方距离最近的海岸线近800米远，奇怪的是在它的身上没有发现任何伤痕。这么一个庞然大物，为何会出现在草原上？经过动物保护组织专家深入调查，发现海岸边的沙滩和草皮上，都有重物滚动碾压过的痕迹。原来，这头鲸是在被海浪冲上岸搁浅后，希望通过翻滚回到海中，不幸的是，它弄错了方向，奔着草原一直努力，直至死亡。

而一位著名的美国科学家也做过一个实验，他在两个玻璃瓶里各放进了5只苍蝇和5只蜜蜂，然后将玻璃瓶的底部对着有光源的一方，而将开口朝向暗的一方。几个小时之后，科学家发现，那5只蜜蜂全部都撞死了，而5只苍蝇早就在玻璃瓶后端找到了出路。蜜蜂本能地奔着有光源的地方飞，结果就一遍又一遍地撞向瓶口，最终导致死亡。

生活里有很多人跟蜜蜂一样，许多人选定一个方向后为之坚持不懈地努力，尽管结果事与愿违，可他们仍不愿放弃，他们认为自己选的方向总没错，而事实上，这错误的方向让他们的一生都活在失败中；也有些人，在意识到失败后，赶紧仔细分析，调整努力的方向，不断尝试，最终更快地找到出路、获得成功。

选择一个更适合自己的方向，成功来得比想象的更快。只要有了方向，可能你的起步晚、速度慢，但是你仍然会到达目标，因为方向是正确的，不会走弯路。有一些人对于自己的人生没有规划，永远是"走一步算一步"，认为自己能力很强，懂得随遇而安的应变。这种生活看似洒脱，实则很盲目，因为这类人并不知道自己想要做什么以及自己能做什么，这样就没有办法对自己的人生道路进行良好的规划。真正有规划的人会详细制定，为自己设立目标，也会设立实现该目标的路线，让目标准确而清晰。

西方有一句谚语："如果你不知道你要到哪儿去，那通常你哪儿也去不了。"先找准自己努力的方向，再迈开步伐去实现梦想，这是最有效的方法。

很多人选择目标太草率，努力了一番后发现该目标不是自己真正想要的，只好弃掉重头来过，这样是得不偿失的。金星这一路走来一直有着清晰的方向，正是她的这种清晰的坚持，才取得了诸多成就。

第五章

大气

1. 剩下的50%，交给老天爷

金星做那次意义重大的手术时，前两部分手术很成功，主治医生杨主任告诉她，外型上看完全是女人了，穿上女装别人也看不出来，还要做下去吗？金星坚决地要继续做。做手术的前一天，杨主任再次问金星："你有多大把握？"金星答百分之五十，杨主任问："那另外50%呢？"金星说："我交给上天了。老天爷该怎么处置我就怎么处置我。"

手术后，金星从120斤瘦到96斤。"剩下的交给老天爷"这不是听天由命，而是一种大气的抗争。这个手术做完的后果是什么没人知道，且不管外界的舆论以及事业的发展问题，就连在手术台上也是有生命危险的。但是金星没有犹豫，她一定要把手术做完，对于她来说不存在失不失败的问题，只要这个手术不做或者没做完就是没成功。所以金星用一种大气的冒险，成就了自己。

人生就要大气，不要犹犹豫豫，没有不冒风险、百分之百成功的事。人生最大的价值就在于冒险，整个生命就是一场冒险，走得最远的人常是愿意去冒险的人。事实上，冒险不止是一种勇气和魄力，其最重要的意义在于，不论最终的结果是成功还是失败，你从没停止奋斗和拼搏，这种精神是弥足珍贵的。

当我们面对一件事情，心里有矛盾，究竟是做还是不做时，其实就已经在潜意识里排斥了。当我们知道做一件事有百分之五十可能失败时，大部分人都会选择趋利避害，不做就没有失败。但如果这件事情关乎我们的人生呢，如金星面临的选择一样。不敢冒险而犹豫，担心失败而放弃，往往会让我们错过很多让人幸福的事。

不要担心被后果所束缚，因为有时候你所担心的事情都是自寻烦恼，有些事情就要先做再想，否则就会令自己后悔。韩国一位日报社社长金语俊做过一次演讲，他讲到自己年轻时揣着120万韩元到欧洲旅游，在西装店看到一套漂亮的西装，穿在身上就不想脱下来了，原本以为是12万，结果发现是

120万一套，那是他全部家当，他还要旅行两个月。他就算了一笔账：接下来两个月省吃俭用四处旅行的幸福感，比得上把这套西装买到手的幸福感吗？答案是不能。他又给出了三个选项：一是掉头就走，二是30岁有钱了再来买，三是现在就买，后面的两个月不是还没到吗？他选了第三个选项，那套西装品牌是著名的BOSS。

后面的事情比较有趣，身上的钱所剩无几，他就跟宾馆老板说如果他在火车站拉来三个客人，就让他多住一晚，拉来五个人以上就按人头提成，结果那天他拉来30多个人，因为他身上穿着名贵的BOSS西装，看上去很可靠。

著名经济学家斯通指出："生命是一个奥秘，它的价值在于探索。因而，生命的唯一养料就是冒险。"对于大气的人来说，做出超常规的事其实并不算是冒险，因为他们只是在遵从自己的内心，内心里有一个声音在说：这件事一定要做。

做一件事可能会失败，也可能会损失其他东西，因此犹豫不决乃至放弃不是大气的人所为。大气的人可以承受损失，可以接受失败，但不会过分忧虑，也不会只做百分之百成功的事。一个有气场的人往往能在面临选择时保持坚决的态度，他们敢于冒险，因为他们不会犹豫，不会瞻前顾后，不犹豫也就往往能够做出所谓艰难的决定。

2. 对付流言蜚语的最好方法：只管向着山顶走

金星充满传奇性的经历，以及做脱口秀后对各路明星的屡屡发言，让一些人"看不惯"，因此传播关于金星的流言蜚语，甚至恶意侮辱。金星的做法是不予理睬，只管做好自己的事。

金星说："当年我被围攻的那段日子几乎只听得到别人的骂声，却很少出来辩解。那时候我只是忙着向前走，面对外界各种充满恶意的误解时，我也曾经气愤得攥紧了拳头，可当我想反击的那一刻，心里在问自己：你反抗得过来吗？"

金星在自己的散文中写道："他们还在山底下找各种理由骂我的时候，我已经在山顶了，就清净了。我看到的是山外有山，根本听不到山底的人还在议论什么。所以对付那些流言蜚语的最好办法就是：只管自己往前走。等你走到山顶了，他们还在山底嘴碎个不停，你享受日出日落的美丽景色，他们享受他们的唾沫星子，根本伤害不到你。"

金星认为人的时间和精力是有限的，如果把精力全都放在对抗这些无聊的事情上，那简直毫无意义。所以金星对那些无聊的人从不搭理，她只管向着山顶走，直到把这些人甩得远远的。

所谓清者自清，浊者自浊，内心强大的人才能面对流言蜚语冷静处之。"海纳百川，有容乃大"，能容得下委屈、诽谤、诬蔑才能显示出我们的肚量宽宏，不去理会，这就是最行之有效的处理办法。

那些不堪入耳的流言蜚语的确让人难以忍受，很多人就是因为太过在意这些言语，从而想尽一切办法来解释，达不到预期的效果的时候，就会选择一些极端的方式来处理这个问题。可是这样只会让问题越来越糟，流言蜚语越来越严重。

能言善辩者只能对付一个人或者几个人，却对付不了流言。没有任何一种东西能够堵塞天下人的悠悠之口，因此依靠争辩与流言进行抗争是行不通的。既然如此，不如藏拙，什么都不说，让流言自动平息，时间总会让流言不攻自破。

法国大文豪雨果很懂得这一点，他有一句名言："世界上最宽阔的是海洋，比海洋更宽阔的是天空，比天空更宽阔的是人的胸怀。"所谓"君子坦荡荡，小人长戚戚"，我们坐得端行得正，又何必在乎别人诋毁的流言蜚语呢？

有这样一个寓言故事：一个青年找到德高望重的高僧，他说自己与世无争，身边却总有一些人用流言中伤他、诋毁他，不知道如何是好。

高僧带着青年来到一条小溪边，摘下一片树叶，又叫小和尚拿来一只木桶和一个舀水的瓢，高僧把树叶丢进空空如也的桶里，说道："施主受到流言侵扰，如同此叶深陷桶底。"

高僧从小溪里舀水进桶，桶底的叶子激烈地在桶中随着水流荡动着，过了一会，就平静了下来，静静地漂在水面上了。高僧不断舀水，说道："这是世上的那些庸人对你的一句恶意的诽谤，是想要打沉你，但是施主请看。"说着又将手中的一瓢水都一股脑儿地倒在了木桶里面，但是树叶只是晃了晃，还是漂在了水面上。

桶满了，高僧说："再多一点流言好了。"又舀了一瓢水，木桶里面的水溢了出来，那片叶子也随着四溢的水漂荡到了旁边的小溪里面，悠悠地顺水漂走了。高僧说："很多的流言和蜚语，终于帮助这片叶子跳出了桶底，并让这片叶子顺着小溪，走向了更广阔的世界。"

明代刘基说过："江海不与坎井争其清，雷霆不与蛙蚓争其声。"人与人如过多地以牙还牙，以眼还眼，世间将会充满怨恨，并且流言蜚语总是不停息的，我们若分出精力逐个辩驳，永远也不会辩驳清楚，白白地将时间浪费，甚至越描越黑，最终得不偿失。

面对外界的污言秽语若没有一个宽厚的心态会导致很严重的后果。阮玲玉是中国默片时代最著名的女演员，年仅二十五岁服用安眠药自杀身亡，留下遗书"人言可畏"，鲁迅先生曾对此撰文写道："她的自杀，和新闻记者有关，也是真的。"

那些不堪入耳的流言蜚语的确让人难以忍受，那是对自己神经的折磨。

很多人就是因为太过在意这些言语，从而想尽一切办法来解释，达不到预期的效果的时候，就会选择一些极端的方式来处理这个问题。

冷处理是对付流言蜚语的最好办法，有些事解释不清就不要解释了，否则很容易越解释越黑。大气的人不会处处迎合别人，更不会处处在意别人的指指点点，在面对外界所谓的质疑时，能够坚定自己心中的方向，不被流言蜚语所动摇，用实际行动击破那些流言蜚语。

人生的大气是对一切的变故、非议、争论泰然处之，不会盲目听信别人的说法而改变自己的原则，对于不了解我们却要指手画脚的人，最好的处理办法就是毫不在意，不生气、不反驳、不听信，做好自己的事情，直到取得成功。

3. 在意别人的眼光，我就不会走到今天

乔布斯说过："不要让别人的议论淹没你内心的声音、你的想法和你的直觉。因为它们已经知道你的梦想，别的一切都是次要的。"

在某一期《奇葩说》节目里，辩题是"没钱要不要生孩子"，金星率先发言："肯定要生，生孩子跟钱有什么关系。"但是此番言论却遭到反方奇葩辩手李如儒的强烈反对："没钱，给不了爱。不是你不想爱，而是你爱不起。赚钱养家要耗费大量的时间和精力，相反有钱人则有大量的时间和精力陪伴孩子给予孩子充足的爱。"这一番言论换来了金星的"反击"，金星连发大篇言论表示生孩子跟金钱无关，并且获得了大家的认可。

在其他节目上，金星对舞台上崴脚的选手毫不留情："如果你是个坚强的女孩，你应该坚强地不告诉我们你的腿有多大的毛病。走下台被人抬出去，你是个英雄。你这样子倒在我眼前，我觉得有点戏的感觉。你选这一行，做演员，把你的眼泪和痛苦全留在幕后，拿到台上来一点都不值钱，一点都不感动我……"

金星有一张坐姿照片，有网友观察到金星的腿露出了青筋，开玩笑道："这大腿青筋暴起真吓人……金星姐，该打荷尔蒙了。"随后金星回应："啥呀！这是告诉那些嘴贱的人，姐的腿功厉害着呢，惹着姐的话像踢毽子一样给踢出去！哈哈。"

这就是金星的语言风格，她不会过分注重外界对她的评价，她总是我行我素，看似"毒舌"，实则饱含道理地讲述观点。有人喜欢金星的犀利与率真，也有人觉得金星说话刻薄、哗众取宠，对此金星从来不会刻意迎合某部分人而改变自己的说话方式，她的态度很明确：喜不喜欢我是你的事，怎么说话是我的事。

我们有太多的时候都生活在别人的价值观里。所以，我们有时候当众摔了一跤，首先绝不是觉得疼痛，而是感到没有面子。其实，别人怎么看待你，

那是他的事。有时尽管你很努力了，别人仍会觉得你如何如何，你总不能一辈子为了他人而活吧？尽管有些人对你很重要，但有时你越在乎结果，可能会越糟糕，你就是你，不必让所有的人都认同。

过分在意自己在别人眼中的印象，只会成为人生道路上的一大障碍，所以不去迎合，坚持自己说话、做事的风格，才能逐渐形成自己的风格，跟别人产生差异化，才能活出一个独立的人生。

我们其实不必活在别人的价值观里，为了迎合别人的价值观而谨言慎行是不值得的，一味对自己求全责备，以至于怕言语伤人而错失好友，就未免过于极端。别人怎么看待我们那是他们的事，我们只要做好自己就可以，如果过分在意就会形成一种心理压力，无疑是给自己添麻烦。

曾有一个画家画了一幅自认最好的画，他画好之后就挂在市场上，在画的旁边放了一支笔，并写明："请在你认为不完美的地方做个标记。"第二天，画家来看后发现居然整幅画都被画了圈，几乎没有不让人不满意的地方。画家又画了同一幅画，他故技重施，只是标明："请标出你认为最完美的地方。"次日来取，发现同样被标满了。这个故事的意思是，每个人眼光不同、角度不同，别人怎么看你不重要，关键是自己如何看自己。

古语讲："君子和而不同。"无论说话、做事我们都要坚持自己的风格，这样才能突显我们的独立人格，才会赢得他人的尊重。这才是气场强大的人，能够自己掌控自己，而不是被别人掌控。

有一个著名的寓言故事，讲的是祖孙俩牵着毛驴行走，路人见了说："爷爷真狠心，让小孙子走路而不骑驴。"爷爷就让小孙子骑上了驴，路人见了又说："小孙子不懂事，怎么能让爷爷走路。"祖孙俩调换过来，路人又说："这爷爷怎么能自己骑驴，让孙子走路呢？"最后两个人都不骑驴了，又有个路人说道："这两人真傻，有驴不骑。"如果在生活里你也像寓言里那样人云亦云，对事情没有自己的判断，即便有判断也很容易被人左右，那么你也会"不知道该如何走路"。

人生如棋，你拿起棋子身边就会有很多人对你指指点点：你应该这样下，你应该那样下，他们七嘴八舌地说着，怎么下还是要靠你自己，如果听他们指挥将必输无疑。所以一个气场强大的人都是有自己主见的人，活成自己希望的模样，而不是别人希望的模样，能够保持不为外界所动，才是大气的人生。

4. 经历过那么多苦难，看淡了好多事儿

金星在讲述经历的风风雨雨时，总结道："每一次灾难都像是给人生的某个阶段盖了层顶，你得不断向上，拱破了这层顶，就到了另一个层面。你可以觉得医疗事故让你跳不了舞了怎么那么冤那么不幸啊，也可以认为那是因为你问老天讨了那么大的一份礼物，所以它必须安排你承受一些磨炼，就像是和生命讨价还价，我能承受多少磨难，就可以问老天要多少人生。再接着向上拱，你就会发现，那既不是惩罚也不是礼物，而是命该如此，所有的一切都在成就一个特殊的金星。"

今天的金星优雅大气，说话不慌不忙，跟各个名嘴插科打诨丝毫不示弱，面对争议、诽谤也能平心静气，都是源于金星经历过那么多的苦难，如今这点"小打小闹"算得了什么。

经过一些磨难，你就会发现接下来的很多事情都变得轻松，比这痛苦的事情都经历了，还有什么不能解决的，所以就看淡了。当我们真正经历过大风大浪后，就会更加自如地航行于人生的海洋里。磨难提升心境，就像一味补药，让瘦弱的人变得健壮，让脆弱的心变得强大。

《孟子》里面有一句著名的话："天将降大任于斯人也，必先苦其心志，劳其筋骨，饿其体肤，空乏其身，行拂乱其所为，所以动心忍性，曾益其所不能。"意思就是成大事者必要经过重重磨练，为什么呢？孟子给出了回答："曾益其所不能。"我们经历过的失败、低谷、挫折等等都将是我们丰富自己最好的方式，把这一过程中的痛苦看淡一些，就能够坚持达到人生的新彼岸。

把一切都看淡，专心做自己该做的事情，磨难过后，更加淡定。世界级小提琴家帕格尼尼一生遭遇了很多苦难，但这并没妨碍他成为一个音乐界的巨人。儿童时期患上严重的肺炎，中年时口腔疾病严重，拔掉了所有牙齿，又得了眼疾几乎看不见路。50岁后关节炎、肠道炎折磨他，他失去了发音能力，还不到60岁就去世了。与这些磨难为伍，帕格尼尼醉心于音乐创作，他

闭门不出，疯狂地练琴，每天十多个小时。13岁时，他开始带着一把琴周游，过着流浪者的生活。15岁时，他成功举办了一次音乐会。就是这次音乐会使他震惊了世界，一举成名，他的名声传遍欧洲各国。

有些人总是希望避开磨难挫折，希望自己的生活一帆风顺，那么结果就是自己变得如同温室里的植物，非常脆弱。还有的人一遇到挫折磨难便承受不住，意志崩溃，被磨难打败，最后也不能成事。人生就要有一种"长风破浪会有时，直挂云帆济沧海"的豪迈，面对艰难险阻，毫不犹豫，毫不惧怕，承受得住，熬过去天就会亮了。

在现实生活中，先甜后苦让人萎靡不振，心灰意冷；而苦尽甘来让人厚积薄发，建功立业。有人说过："生活是最好的老师。"用生活的磨难提高自己的能力，提高自己的心志，无疑是最扎实、最快速的方式，当我们学成毕业的时候，就是收获的时候。

巴尔扎克一生勤奋写作，在不到20年里，他共创作91部小说。在世界上有广泛影响，但他一生却是在贫困和痛苦中度过的。他曾用一句话概括自己："一生的劳动都在痛苦和贫困中度过。经常不为人理解。"然而经历众多磨难后，巴尔扎克的心境是如此深厚，看问题更加睿智，对人性有着深刻的了解，这才帮助他写出这么多传世佳作。

磨难帮助我们的心灵成长，令我们的意志更加强大，气场也就变得强大。如金星曾经也是一个毛手毛脚、做事急躁的人，但是经过诸多磨难过后，变得沉稳许多，阅历丰富的她总能淡定地面对很多事。

5. 枪林弹雨一个人顶着

　　金星在接受采访的时候表示她从来不把压力留给汉斯，也不会让汉斯看到自己脆弱的一面。金星说："我是个女人，我也有那个柔弱的一方面，当我跟我丈夫诉说的时候，我希望你能想个办法，帮我解决这个问题。当我跟你说完，你帮我解决不了，又增加了你的叹息的时候，反而我更难受。那还不如，留给你一片安静的空间。"

　　金星继续说道："对外面就是枪林弹雨我一个人顶着，家里面我绝对不让，让他和孩子永远是阳光灿烂的。哪怕我在外面遍体鳞伤，回到家里看到孩子和老公阳光的笑容，伤口很快就会愈合。我不想回到家他也跟着遍体鳞伤，这是我对家庭的付出。"

　　金星的气场就是这么强大，一个把自强融入到骨子里的人，她用实际行动证明了一个女人只要有真本领，不用靠男人、靠关系，也能够在社会上立足。

　　著名作家冯唐谈到女人时说："女人如水，再强的女人也有柔弱的时候，希望化成液体，肆意娇羞流淌，任意拧巴纠缠……说到底，女人还是要自强：不容易生病的身体、够用的收入、养心的爱好、强大到混蛋的小宇宙。拥有这些不是为了成为女汉子，而是为了搭建平等的基础。"

　　自强独立的人气质是与众不同的，自强的人面对残酷的社会有自己的生存本领，有处理棘手事件的能力。所以多经历一些艰难坎坷，是可以帮助我们成长的。人生有时候谁都不能依靠，受委屈了，受挫折了，脆弱地哭也没有人在意，只能自己坚持下来，学会自己安慰自己。一个成熟稳重的人不会轻易让人看出他的脆弱，而是把事情默默地解决，懂得一个人面对压力和挫折。

　　与金星同样以舞蹈为业的邰丽华，在两岁的时候因为高烧失去听力和语言能力之后，年幼的她并不知道是怎么回事，直到上幼儿园，玩辨别声音的游戏时她才意识到自己与别人不一样。父亲带着邰丽华四处求医问药无果，最后把她送到了聋哑人学校学习。邰丽华一直坚持学习舞蹈，在15岁成为中国残疾人艺术团舞蹈演员，练舞的过程很艰辛，在练习《雀之灵》时，因为听不见音乐的节奏，邰丽华想把七百多个节拍跟上，唯一的办法就是不断地记忆、重复练习。邰丽华和其他人成立了"花开社"，因为花开时没有声音，但是很美丽。2005年的春节联欢晚会上，邰丽华带领的中国残疾人艺术团表演了《千手观音》，一下子轰动全国。

《水手》中唱道："风雨中这点痛算什么，擦干泪，不要问为什么。"一个人在遇到挫折或者经受磨难之时，最重要的是不能自我否定，不能自我践踏；不能失落失志，更不能怨天尤人；要明白黑夜之后是黎明，雨过天晴后的彩虹更加绚艳美丽。

人生有点压力是好事。如果我们总是得过且过，没有一点压力，做一天和尚撞一天钟，就会像风暴中没有载货的船，往往一场人生的狂风巨浪便会被打翻。经过重重压力成长起来的人，气质会与众不同，男人会有饱经沧桑的成熟感，女人会有独立自强的个人魅力，与那些温室里成长出来的"花朵"有着明显不同，气场上就强盛了一大截。

6. 不抱怨，也不辩解

记者问金星："因为十多年前的变性经历，非议一直没有远离您，现在您还会在意这些吗？"

金星回答："我的屏蔽功能特别好，感谢社会帮我练就了一身能够笑傲江湖的本领。其实这点事根本影响不到我，说这些事的都是一些无聊的人，林子大了什么鸟都有，人对上帝还有质疑呢，凭什么我就得十全十美，那太可怕了。"

记者又问："把非议看得如此云淡风轻，您是怎么练就这个本事的？"

金星说："我从不抱怨，欲望就这么大，生活给我的永远超过我想要的，这就很饱满。"这就是金星的态度，她面对流言、刁难不抱怨也不辩解，用行动证明着一切。

美国作家威尔·鲍温写了一部超级畅销书，叫做《不抱怨的世界》，在美国《时代周刊》与《纽约时报》发起的"影响你一生最重要的一本书"投票中高居第二，全书只有一个主旨："抱怨不如改变。"抱怨是最消耗能量的无益举动，是一种可以传播负面消极情绪的表达方式。当一个人抱怨连连时，身边的人也会受其感染，最后导致周围的人都变得情绪低落，毫无斗志，习惯抱怨的人总会引起别人的反感。

《不抱怨的世界》中讲了一个老故事：两个建筑工人坐下来一起吃午餐，其中一个打开饭盒就抱怨："天啊，肉卷三明治，我讨厌它。"他的朋友什么也没说。第二天他更火大了，对着饭盒喊："怎么又是肉卷三明治？我痛恨它！"朋友仍然保持沉默。第三天，这个人再次怒吼："我受够了日复一日都是一样的东西！"朋友便问他："为什么不叫你太太做点别的？"他满脸疑惑："你在讲什么啊？我都是自己做午餐。"这个人厌倦了自己做的午餐，每天大为恼火却不改做点别的，只会抱怨。

人们习惯于将对事情的看法脱口而出，比如："好漂亮""好厉害"等等，但同时也会有一些抱怨的词汇出现:"太累了""怎么又加班""雾霾好重"等等,没有一个人愿意听到这些负面词汇,即便是你的亲人也不会。再说,太多的牢骚只能证明你缺少能力,无法解决问题,才会将一切的不顺利归于客观因素。

抱怨是一种消极的负面情绪,当某件事情出现问题的时候,不停地抱怨别人为什么做得这么差,是毫无用处的,既不能将问题解决,也会把消极情绪传递给别人。所以说,脱口而出的抱怨对于解决事情没有任何意义,反而会让事情变得更糟糕。无论我们将遭遇什么,无论别人如何看待我们,想把自己的生活变得更有意义,就不要去抱怨。

1982年12月4日,墨尔本医院,一对夫妇在产房迎来了他们的儿子,接过孩子时却如晴天霹雳:婴儿居然没有四肢!只在左侧臀部以下的位置有一个带着两个脚趾头的小"脚"。

这个小孩叫做尼克·胡哲,尼克在上小学时别的同学都在椅子上端坐着,只有他突兀地"站"在书桌上,用仅有的两个脚趾头夹住笔写写画画,尼克当时年纪小,也没发觉自己跟别人不一样,随着他慢慢长大,周围的孩子都嘲笑他,尼克心里开始有些异样。

他很长一段时间沉浸在悲伤之中,他不明白为什么自己生下来与别人不一样,再一次被小朋友嘲笑后,尼克突然发狠心要自己打理生活,他开始用小脚趾练习每一样其他小朋友做的事情:他凭借着自己的刻苦努力,生活能够自理,能够独立行走、上下楼梯、下床洗脸、打开电器开关、操作电脑,甚至每分钟能击打43个字母。

渐渐长大的尼克更是学会了骑马、打鼓、游泳、踢足球等等,他背后付出的努力是常人无法想象的。如今尼克在世界各地办演讲,期望给人们力量,他说:"上帝在我生命中有个计划,通过我的故事给予他人希望。"尼克的故事告诉我们,再悲惨的人生都会因行动而改变。

有气场的人不会拘泥于心之一隅,而是把整颗心打开。老话说"谋事在人,成事在天",当我们真正努力了,真正付出汗水了,最后即便是失败了,受到别人的嘲笑也没什么。成败得失、是非争论都如天上的白云,它们只是从我们的头顶悄然飘过,留下来的依然是整片蓝天。

7. 凡事都有两面性，把别人的批评当镜子

记者问金星："现在碰到一些居心叵测的人或者不尊重你的人，还会那么生气吗？"

金星回答道："任何一件事情都有正反面，所以赞美和诋毁都一定是正常会出现的。你脆弱时，鼓励会是强心剂，但膨胀时，不知天高地厚时，诋毁反而会提醒你：你没那么好。这是把双刃剑。所以真正成功的人，一定不能缺少这两面。诋毁也是一种必需品，诋毁你的人也许正是看到了你的问题，就算是因为出于嫉妒，也能鞭策你做得更好。所以我一直在嫉妒的眼光中长大，但是这正证明，你的成功是令人嫉妒的。一开始我会觉得委屈，但后来会觉得：你不努力，那就嫉妒去呗。所以对我来说，这些都像是镜子。"

以别人的批评做镜子，对于我们是有益的。有很多人会因为别人的批评而大为恼火，他们觉得自己并没有错误，是批评者无中生有，但正如金星所说，把这些批评当作镜子，时刻勉励自己反而会让自己继续成长。

如果有人批评我们，这时不要先替自己辩护。我们要谦虚，要明理，我们必须要拿出剥竹笋的精神来面对批评。首先看对方的批评是否有断章取义，只见树木不见森林，剥去其先入为主的主观意识；再看批评是否带有情绪化、愤慨的成分，剥掉其感情用事的中伤之言，去汲取对方说的中肯之处，即便是毫无道理的批评，也足够让我们时时保持警惕，现在没有犯错不代表以后不会犯错。

著名作家王朔曾经批评过白岩松的书。在一次记者会上，白岩松谈到了王朔的批评，白岩松说："你可以不同意别人说话的观点，但要维护别人说话的权利。不过王朔是认真对待了，他也是到书店里买了去看。我觉得任何东西都会有它的优点与缺点，如果没有缺点，那太可怕了，不存在这样的事物吧……我也更希望大家把表扬缩小，把批评扩大，因为我还有改正的机会。"

西方谚语说："恭维是盖着鲜花的深渊，批评是防止你跌倒的拐杖。"听

惯了谀辞的人常常狂妄自大，只有虚心接受批评的人，才能改正缺点，提升自己。所以，我们必须养成虚心接受批评的习惯。有时别人的批评不是对我们个人本身的不满，而是对我们做事的不满，他们的批评是对我们做事的建议，并不是无中生有的挑剔。善意的批评可以让我们知道自己存在着哪些不足和缺点，以便能逐步弥补和改掉它们，去完善自己。

学会接受别人的建议、批评。哪怕那些批评建议是非常难听的话，我们也要认真反省，或许有些批评指责是无中生有的，我们并没有这样的错误，但是孔子说过："见贤思齐焉，见不贤而内自省也。"广开言路，虚心接受批评，才能够迎来更多的建议指导，成为我们前进道路上的指路明灯。

所谓"良药苦口利于病，忠言逆耳利于行"。别人的批评往往能够给我们醍醐灌顶，有的时候我们做出了一些成就往往会骄傲自大，若不能有人批评警醒，我们就会越来越骄傲，这样就是在给以后的道路埋下定时炸弹。我们要在旁人大加赞誉的时候冷静头脑，寻找批评的声音并仔细聆听，找到自己的不足之处，排掉路上的定时炸弹。

因《百家讲坛》大红的学者易中天，也因其大红大紫遭到了诸多非议，李蓬勃曾在《中华读书报》发表过一篇文章，名为《挑"易中天品读汉代风云人物"一书十大硬伤》，易中天知道此事后表示："这十大硬伤句句是实，蓬勃先生很谦和地说是瑕疵，我自己知道是肿瘤。"他公开表示："既谢谢像李蓬勃先生这样批评我的人，也谢谢那些故意找茬的人，让他们找着了茬，就说明我有问题，我就得把那个茬给补上。兔子是因为有狼才跑得快，我谢谢那些批评我的人，让我至今没有倒下。"

内心气场强大的人，会对别人的批评甚至恶意谩骂冷静对待，理性的批评虚心接受，恶意谩骂一笑了之，从来不会对批评恼羞成怒地反驳。其实犯错不可怕，可怕的是对于别人的批评充耳不闻，甚至厌恶批评者，对别人的批评持厌恶态度，别人也会因为我们听不进去劝告而产生不好的印象。这样的后果就是错误没有及时被发现改正，又失掉了好的人缘。

人都喜欢生活在鲜花和掌声中，没有人喜欢受到批评。指责批评常常让人感到不悦，但是我们可以这样想想，如果没有别人的批评当作镜子，我们又怎么能看到背后的污点呢？有时候我们应该高兴，能有一面镜子时时照射出我们的不足之处，要比盲目自大、自以为是地前进好得多。

那些会刺痛我们神经的意见不一定对我们不利，那些阿谀奉承的甜言蜜语也不一定就对我们有利。面对来自四面八方的意见，我们要时刻保持清醒的头脑，既不要因为言语激烈而怒火中烧，不听劝谏，也不要因为言语好听而飘飘欲仙，肆意而为。把批评当镜子，才能时时进步。

8. 果断的魄力，办事绝不拖泥带水

金星在脱口秀上自曝与汉斯是离婚状态，可能有人会疑问：金星和汉斯感情深厚，彼此都视对方为今生的唯一，怎么是离婚状态呢？

这其实是金星一次办事雷厉风行的体现，当时金星为了给大儿子办户口，带着第一个收养的孩子嘟嘟回到老家沈阳，结果工作人员因为金星丈夫是外籍人员应办国际收养证为由拒绝了她。这事办起来可就麻烦了，工作人员向金星解释最快的解决办法就是离婚，办事从不拖泥带水的金星立刻打电话给正在出差的汉斯，让他回来办离婚手续。

民政局工作人员问金星什么理由离婚，正巧当时世界杯德国对阵意大利，金星灵机一动脱口而出："因为德国队输了，我想要找个意大利老公。"就这样，一共花了50元钱、5分钟，金星就把离婚手续办下来了。速度之快让之前办户口证的工作人员瞠目结舌。汉斯唯一的要求就是不能告诉自己的父母，因为德国父母对这个离婚理由肯定不能理解。

金星表示她和老公汉斯有一个约定，等到孩子上了高中，一定要办一场轰轰烈烈的婚礼，让孩子一起感受到这份幸福。

气场强大的人不会犹犹豫豫、反反复复，考虑良久也不能做出决定不是爽快的人。能在最短时间内做出最佳判断，做起事来才能不拖泥带水。奥斯丁·普尔普斯说："要时刻寻找机遇，当机遇降临时要果断、及时地把握它。当机遇握在手中时要充分利用它并去争取成功。这是成功者必备的三种重要品质。"既然某件事值得着手去做，那就不要犹豫，果断去做，如果不值得完成，那就更不用犹豫了。聪明的猎人不仅要跟踪猎物，更重要的是，会在最适当的时机毫不犹豫，果断出击，最终抓获猎物。

歌德曾经说过："善于捕捉机会者为俊杰。"人生就像一场赛车，所有人开着赛车参差不齐地跑在赛道上，然而有一些人的赛车动力不是那么好，但就是在过弯的时候抓住机会反超别人。抓住机遇的道理谁都懂，但在利益的

取舍面前,能真正做到立即出手的人并不多,这部分人大都成功了。

萧伯纳说:"世界上只有两种物质:高效率和低效率;世界上只有两种人:高效率的人和低效率的人。"想要成为高效率的人并不难,只要我们提高做事的效率,想到什么想法就立刻去做。工作中,有好的想法,立刻实现,能够提高我们的工作效率和质量,任何公司都会喜欢工作麻利、不拖延的员工。生活中,有好的想法立刻就去做,比如想去旅行,想改善生活环境,这些事情不要一拖再拖,因为那是对自己生活最大的敷衍。

我们在生活中总有一些早就应该去做却一直拖着不去做的事情,尽管这些事情已经影响了我们的生活,但我们总是有一个借口:没有时间,以后再做。其实,这些想做的事,如果你马上动手去做,你的生活就会变得豁然开朗。

富兰克林说:"千万不要把今天能做的事留到明天。"面对不喜欢的事情,大部分人都会拖延一阵子,能不做就不做,可是有些事情是必须要完成的,时间越长越不想做,最终造成的后果也就越糟糕。千万不要给自己留下什么"时间还很充裕"这种借口,时间充裕永远都是相对而言,当你拖延起来,再长的时间都不会充裕。

2003年9月,哈佛电脑天才马克·扎克伯格开始利用业余时间做个网络项目,纯属自己的爱好,这个项目最初设计的目的,是帮助在校学生知道自己与他人的课程表。扎克伯格发现学生们不是用它来选课,而是看邻桌的美女选了哪些课,自己好跟着选择。灵感迸发出来,他建立了一个网站,黑进学校数据库,把学生照片都发布在里面。哈佛对他非常不满,关闭了网站。然而不到一周后扎克伯格又搭建了一个社交网站Facebook,立即得到哈佛以及常青藤院校的响应,Facebook风靡全球。

俗话说:"机不可失,失不再来。"我们的人生就充满了机遇。所谓"时势造英雄"就能够说明机遇对人一生的影响之大了。1973年,比尔·盖茨被哈佛录取,他早在高中时期就开始对电子计算机产生了浓厚兴趣,并展现出了超出常人的天赋,在哈佛大学更是如鱼得水,夜以继日地在机房研究计算机,随后第一台个人电脑的问世刺激了比尔·盖茨,他当机立断,不顾反对宣布从哈佛退学,与好友保罗·艾伦创立了微软公司,就此开创了数十年世界首富的神话。

　　果断的人不会放过每一个匆匆而过的机遇，在面对两难选择时也不会犹豫不决，该做判断就做判断，这样的雷厉风行才会给整个人的气质带来一个飞跃。

第六章

勇气

1. 活出自己的"范儿",做别人不敢想的事

有人这样评价金星:她敢做别人无法想象的事情,有勇气面对家人和社会,这样的她,已经不能只简单地看作是一个"趟过男人河的女人",也许更应该变成一个符号。

金星活出了自己的"范儿",金星做了太多在很多人看来"出格"的事,变性在上个世纪九十年代几乎是无法想象的事,没人能体会她当时顶了多大的压力。金星自幼学舞蹈,后到美国、欧洲留学,这都是很多人不敢想象的事,回国后又做变性手术、创办舞蹈团,到不惑之年后又火爆于荧屏,种种经历中的一项都是很多人难以企及的,金星全都做到了。

这就是金星的勇气,我行我素中透着对目标的执着,种种"出格"中透着对人生的态度。或许我们每个人都曾有很多遥不可及的梦想,在成长过程中逐渐认识到梦想的异想天开程度,便开始降低梦想标准,最终沦为实际的"多挣钱""买房子"这些常规目标。有些时候,别人不敢做的,我们也就不敢做,别人质疑的,我们便放弃掉,因为害怕失败错失了很多机会,因为不敢而丧失了很多精彩。

敢做别人不敢想象的事,这是一种十足的魄力,因为你会受到极大的阻力和质疑。然而这也是成功的必经之路,为什么?因为世上的路有千万条,最简单、最舒坦的路大家都在走,而想要成功就要走没人敢走的道路。

成功的事业在初期通常是不被人理解的,人们会嘲笑、讥讽先驱者,称他们为"疯子",可就是众多"疯子"改变了这个世界,他们有伟大的科技发明,他们有超强的个人影响力,他们推动了社会的前进。

马丁·路德·金在被奉为圣人之前曾被视为惹是生非之徒;据说爱因斯坦在被颂为世界上最伟大的物理学家之前,也曾被认为只不过是一个满脑子古怪想法的人。爱默生曾经说过:"伟大即意味着被误解。"在实现梦想的路上有一个岔路口,大家都选择其中一条,而想要成就伟大的事业需要承受异

样的目光，去走那条人少的路。这种人常常被人贴上"疯子"的标签，其实他们不是疯子，他们只是比常人更坚持梦想，更加偏执，因为很少有人做到如此，便会被众多人嘲笑。

一个人之所以不能成功，就是因为他内心恐惧的事情太多了，他害怕失败，害怕挑战，害怕站讲台，害怕别人笑，当他们害怕的事足够多的时候，就严严实实地把自己保护起来了，然后不断地遇到机会就放弃、错过、妥协。

1983年，在赶去与《新闻周刊》方面会面的途中，乔布斯经过纽约曼哈顿的IBM公司时，拍下了一张对着IBM公司logo竖中指的照片。当时的乔布斯只有28岁，一头浓密的长发，满脸胡子拉碴，尽显乔布斯挑战行业龙头老大的勇气。

有无数工程师、媒体告诉乔布斯："你的想法不可能实现。"乔布斯用自己强大的意志力将这些不可能变为了现实，他要求电脑的尺寸越变越薄，他要把艺术美感结合在电子产品上，他总是被媒体看衰，却又总能用惊艳的产品回击外界的质疑。

乔布斯在设计iPhone的时候，他希望设备的表面使用的是坚硬防刮擦的玻璃，而不是塑料。他与康宁玻璃的CEO见面，得知康宁已经开发出一种名为Gorilla glass的玻璃，乔布斯表示希望在6个月内能够有一次大出货。但是康宁CEO则表示他们目前不生产这种玻璃，也没有能力来生产。乔布斯告诉他："你能够做到，你要在6个月内完成。"最终他们成功了，造出来极具玻璃质感的手机。

但凡成功的人，都敢于去做别人不敢做的事，做别人不愿意做的事，做别人做不到的事。辞掉大学教师的铁饭碗，在38岁去创业，你敢吗？马云敢。

不顾家里反对，把自己关在屋子里，没收入、没朋友，一门心思写小说，你敢吗？巴尔扎克敢。

从哈佛大学退学，创办自己的公司，你敢吗？比尔·盖茨和扎克伯格敢。

有时候，你的种种不敢限制了你，当你把不敢变为敢，开始享受冒险的乐趣时，你的气场就会变得强大，你的人生也会大有不同。

2. 不装傻，就算付出代价也要说真话

金星接受媒体记者采访，被问道："都说你毒舌，可是听了几个小时下来，发现你一点也不狠，也不出位，相反，挺传统的。"

金星回答："对啊，我没有什么出位的，他们只是觉得我敢说。"

记者："敢说什么，敢说真话？"

金星笑道："对，说真话在中国是出位的……谁让你说出来呢？就像《皇帝的新衣》里那个小孩。本来是皇帝没穿衣服啊，是他出位了啊。可是谁都不说，只有这个小孩不想装傻啊！"

记者："为什么不想装傻？"

金星："我这个人是真理大于一切。当我面对真理的时候，我就把个人一切全部抛开。咱们就事论事，以理服人，这就是我性格里最有魅力的地方。"

真话是这社会上最尖锐也最响亮的声音。金星写过一本书叫《掷地有声》，她的真话的确句句掷地有声，处处激荡能量，也传递出了金星的强大气场。人在社会上难得不"装傻"，因为讲真话是有风险的，有时候，我们的真话即使裹上甜蜜的糖衣，也仍然会像锥子一样尖锐地刺痛对方，让对方难堪，以至与你结下梁子。于是，有太多的人为了讨好别人，或者为了自身的利益而插科打诨、曲意奉承，抑或是说话模棱两可，含糊其辞，生怕说出真话搞僵了人际关系。

金星的真话，恰恰能治疗这种交际场泛滥的"和气病""矫情病""虚伪病"。正如金星自己说："说我'毒舌'我不认，说我是毒蛇我倒愿意承认，因为蛇毒是药，是能治病救人的。"

人都有趋利避害的天性，处世圆滑的人在交际场合中对谈话都抱有相当敏感的态度，尤其是在一些公众场合中，面对一些颇具争议性的话题，说话时常常表现得非常谨慎。即便当时脑海中已经对事情有了鲜明的看法和观点，也往往不敢轻易开口，害怕因此触犯并得罪他人。

可是这样一来，就免不了说些虚假的话。或许我们从来没想过刻意说假话，然而真话却越来越少，也越来越珍贵。著名作家梁实秋曾把"说老实话"形容为"世间骇世震俗之事"。因为实话常常是一石激起千层浪，或者触动某些人敏感的神经，甚至因此而背负骂名。正因如此，有气场的人才会坚持把真话说出来，用义正辞严的话语击碎社会里虚假的和谐。

生活中有很多不合理现象，大部分人选择"装傻"，比如遇到违章停车的情况，遇到乱穿马路的行人，有的甚至直接侵害到了我们的合法权益，这时候，你是选择忍气吞声，还是要勇敢地站出来反抗呢？

崔永元有一次开车带女儿去看电影，按照路边穿制服人员的指示，崔永元把车停在了路边。进入影院后，崔永元看到屏幕上显示说："请把车停在停车场，路旁不允许停车。"

崔永元让女儿先进去看电影，自己要先出去办点事情。崔永元跑出去，向影院的工作人员质问说，为什么明知道不能在路旁停车，还有穿着跟影院工作制服一样衣服的人让他把车停在路旁。电影院的人一头雾水，耸耸肩表示：我们无能为力。

崔永元说："你们搞不定，我来！"说完话就拨打了110，警察来把事情处理好，崔永元才回到电影院。

拿破仑·希尔曾说："有很多思路敏锐、天资高的人，却无法发挥他们的长处参与讨论。并不是他们不想参与，而只是因为他们总是心生畏惧。"任何真理的呈现都要经过最初的阵痛，我们要做的就是毫不畏惧，学会让自己的内心强大起来。与其痛苦地遮掩事实真相，不如抱着一试的心情，诚恳地，大胆地将自己的观点陈述出来。积极地付诸行动，就可以点亮你身上的气场。

敢说真话体现的也是一个公众人物的责任心，央视主持人白岩松曾说："我要选择一些该说但别人不说的话，别人说的那些锦上添花的话我就算了，不多我一个。我到了该得罪人的年龄，该主动地去得罪人了。我不能再天天说那些讨好人的话，我不得罪人谁去？"

后来在面对《南方周末》记者的"你还有哪些压力和艰难？"这一问题时，白岩松又再次陈述道："我不会因为仅仅考虑我自己的风险，说实话，我也听到了一些声音，非常善意地说，还是做主持人吧。我理解这句话，做主持人当然轻松多了，不会去触碰很多的利益。你做了评论员，满足了 A，就打击了 B，明天得罪了 C，后天 D 给你表扬。我们现在每天都面临这种局面，经常有人对我说：'小白，这话有点狠啊。'没问题，40 岁之后我就已经非常明确地说过，我要进入到得罪人的时代了，一个做新闻主持人，一个做评论员，如果被所有人喜欢，那是一种悲哀。"

金星曾说："其实我不毒舌，我只是说真话而已。人们只是不习惯了，大家你好我好哼哼哈哈的，我突然说实话，大家就说，这个人怎么这么毒啊，我说我毒个屁啊，我说实话你受不了了，仅此而已。"真话就像一把手术刀，它要挑开一个社会或者一个人身上的脓包，疼痛是必然的。但如果没有这把刀，疾病得不到治疗，伤口也不会痊愈，所以就算付出代价也要说出对大家有利的真话，这是对大家都有好处的，也能得到大家的认可。

3. 不怕碰触敏感话题

在某期《奇葩说》里,节目一开始几位嘉宾就谈起了"性骚扰"的敏感话题,而金星对此毫不避讳,甚至以霸气幽默的语言逗笑全场,金星回应说:"欢迎骚扰,姐驾驭得了。"引来观众拍手称赞。

金星曾多次在节目中谈论敏感话题,在某男星出轨之时,金星也毫不避讳,对其评论道:"别道歉了,安排下时间吧,到我这儿来坐坐。"让人捧腹。金星曾犀利点评婚姻关系:"男人娶错了媳妇毁三代",并直言"做小三会遭到报应的"。

人际交往中,难免会遇到敏感话题,每次都回避的话也并不是最好的办法。或许生活中,每个人都曾拥有不愿为人所知的一面,这些敏感的点即使不是什么见不得人的秘密,但或多或少都有些心事隐藏在里面。尤其是当这些敏感话题变成一种争议性的论点时,估计任何人都不希望就这样被公之于众。但是如若我们用诚恳的方式、真心的想法来面对这些事实,并且懂得在说话的过程中,适当把握一定的度,那么对方也会对我们有所理解和谅解。

其实,一件事情之所以会被大家捧在手里并且饱含争议,就是因为大家一直都只是站在片面认识的角度,并没有完全理解透彻,因此而引发疑问。当事人总是一直掩埋,或者遮掩躲避,那么就会换来更多人的议论。与其最后弄得猜想连连,倒不如坦然公之于众,把自己的想法摆放在大家的面前,这样的真诚或许还能博得大家的喜爱。

尤其是在一些公众场合中,当面对一些有争议性的话题时,常常表现得非常谨慎。即便当时脑海中已经对事情有了鲜明的看法和观点,却往往不敢轻易开口,害怕因此触犯并得罪他人。如果因为话题敏感就不敢提、不敢问,那么最终什么事情也解决不了。与其在事情开始前就死心,不如抱着一试的心情,诚恳地与对方交谈,大胆发表出自己的观点,这样才是创造机会的明智之举。

孟非主持的《非诚勿扰》节目火遍全国，却也引来争议，曾出现女嘉宾"宁愿坐宝马哭也不坐自行车笑"的言论，对此孟非大胆直言，面对如此敏感的话题毫不退缩，说出了自己的想法："在电视机前，或者在网上提出这个问题的那些人，他们对金钱的渴求程度，就比场上的女嘉宾低吗？我认为不是，我们为什么会有人提出这样的问题？因为有些东西我们一直就是可以悄悄去做，但是不能说，一旦有人把它说出来，就会觉得特别刺耳。一个真人秀的节目，只要在法律允许的范畴之内，在不损害别人的情况下，真实地表达自己，这是一个非常可贵的东西。今天的中国人习惯性地说假话说了几十年了，我们已经分不清什么是真话什么是假话了。"

　　当然，在面对有争议的敏感话题，发表自己鲜明的观点之前，明白、清楚的表达能力也是说话之道中所不可缺少的要素。毕竟问题是具有争议性的，而对方能否"轻轻松松"地听完你的想法与观点，取决于你如何巧妙运用态度和技巧。比如用"如此一来不是就大有改善了吗？"之类的话，更进一步深入话题，好让对方能够充分理解。

　　另外，为了让你的描述更加生动，少不了要引用一些比喻、举例来加深听者的印象。适当引用比喻和实例能使人产生具体的印象，还能让抽象晦涩的道理变得简单易懂，甚至使你的主题变成更明确或为人熟知的事物。对方就能很好地理解我们的话，敏感话题也就不那么敏感了。

　　很多时候，对于一些我们不能不面对的颇具争议的话题时，我们不必过于紧张，只要能在说话之前，理清自己的思路，放慢说话的速度，保持一种谦卑的态度，那么你大胆的言论和鲜明的观点就能被人所接受。

4. 敢于表达自己的看法和观点

金星出过自传，有记者就问她："书的作者介绍中写道'期待读者的回音'，现在有人回复你吗？都说什么？"

金星回答："有啊，很多人说看了我这本书以后觉得对他们挺有用的。其实我就是把自己的观点表达出来，也不一定说我是对的，但如果读者觉得受益，自然最好不过了。"金星的观点从不藏着掖着，她谈世界观，谈男人，谈女人的自信，谈生活状态等等，金星会用不同的方法来表达自己的观点，激辩时直白表达观点，劝告时婉转表达观点，她会因人而异。

金星曾经在节目中用一句"橙汁儿"风靡网络，无数网友纷纷模仿这句"橙汁儿"，这是金星用模仿反讽某些空乘小姐对人的双重待遇。事件起因是金星坐国航飞机，飞机上有中国人和外国人，金星发现有个空姐对待外国人和蔼温柔，对待中国人却态度有些冰冷。

金星说："哎哟嘿，我一看小丫头片子，还两副面孔呢，看到姐这儿怎么收拾你。"之后诞生了如下对话：

空姐：喝什么？

金姐：Sorry, I don't understand.

空姐：我问你喝什么？

金姐：Sorry, I don't understand.

空姐：Would you like something to drink？ Coffee tea or coca cola？

金姐：橙汁儿！

金星直言国内这样的服务太多了，把顾客分类对待，实在令人气愤。金星在有了想法和观点后，从来不会藏着掖着，她会直截了当地表达出来，表达自己的不满，挣得自己应该享有的权利。

生活中很多"哑巴亏"就是由于没有及时地表达出自己真实的想法而造成的，有很多场合、很多时间的事情会让我们难以拒绝，有的时候是为了面子，有的时候是觉得不好意思，但殊不知在这样的情况下如果不能说出自己的想法，那么受苦的就是自己。

曾经有记者问著名主持人李静："要成为一名知名主持人难不难？"李静很干脆地说："不难。"李静表示："其实所谓口才，在我的理解当中就是把自己内心最真实的想法用语言表述出来。从这个意义上而言，绝大多数人都具备口才的条件。"

在人际交往中就应该"该开口时就开口"，总能说出自己内心的想法的人才率真，才让人觉得真实不虚伪。否则有话不直说，自己的利益受到了侵害也为了面子等等而保持缄默，这样是不可取的，因为你如果不说就没有人能知道你内心的真实想法，那么就不知道你想要什么，最后往往本末倒置。

曾做过《朝闻天下》和《新闻30分》主播的文静也曾说过："我有的就是一个媒体人做人的良心。每次我在节目中评论完政府作为，下来就有人说，你少说点，你注意点！我们要承受这些压力的。"但是文静是一个有一说一的人，她说："新闻主播要敢于表达自己的观点。"

敢于表达自己，别人才会认识你。不管是在职场上还是在日常的生活中，我们都要有表达自己观点和看法的勇气，但是前提是我们要有自己独到的见解，如果只是重复别人的观点，必然不能引起他人的重视。有一类人是谁也不得罪，什么都挺好，问他对事情的看法，回答是："挺好，挺不错。"或者什么事情都人云亦云，这样是不会得到别人认可的。

1926年，日本侵入大沽口后反咬中国一口，联合八国公使给段祺瑞政府发最后通牒，提出拆除大沽口国防设施等无理要求，群众们愤慨地走上街头抗议，要求段祺瑞政府驳斥八国通牒。然后群众队伍来到段祺瑞执政府门口时，预伏的军警竟开枪射击，打死47人，伤200余人，制造了震惊中外的"三一八"惨案。

鲁迅先生在此时写出了《记念刘和珍君》的文章，鲁迅愤怒地控诉段政府杀害爱国青年的暴行，再加上当时有无耻的流言家为掩人耳目给惨案做粉饰，鲁迅不顾当时段祺瑞政府四处派间谍抓人的危险愤然地骂道："我向来是不惮以最坏的恶意来推测中国人的。但这回却很有几点出于我的意外。一是当局者竟会这样地凶残，一是流言家竟至如此之下劣，一是中国的女性临难竟能是此之从容。"

可以说，直言的态度，能赢得人们的尊重。白岩松说：人只要无所畏惧，就会说真话；无所畏惧的人多了，听到的真话也就多了。如今，参加各种颁奖典礼前，白岩松都会问上一句："为何把奖领给我呢？"对方的回答几乎是一致的："你说真话，坚持新闻理想啊。"起初，听到这话，白岩松都会很开心，可当虚荣心消退之后，他颇感脸红："真的是很不好意思。"

很多人因为怕得罪人，不敢表达自己内心真实的想法，甚至违心地迎合别人，逐渐失去了个性和真性情，气场就更没有了。说话其实就像写文章一样，表达真情实感，描述内心的真实看法，就算不能说服别人，至少能让你成为一个有观点的人，而不是别人的附庸。

5. 我战胜自己，不战胜任何别人

金星这一路走来就是一个战胜自己的过程，战胜自己生错性别，战胜因医疗事故瘫痪的双腿，战胜一个女人成立舞蹈团的艰辛，最终成了我们熟悉的金星。

金星说过："在我这儿看来，我从小觉得不用跟任何人比，我跟我自己比。我曾经幻想过我40岁的时候什么样，但我40岁的时候远远超过我的想象，因为女人自我的追求也好，社会给你的空间也好，或者你自己争取的施展空间也好，到目前为止我还是战胜我自己，我不战胜任何别人。"

的确，人生就是一个跟自己战斗的过程，我们完全用不着战胜其他人，因为自己才是自己最大的敌人。莎士比亚曾说："假使我们自己将自己比作泥土，那就真要成为别人践踏的东西了。"其实，别人认为你是哪一种人并不重要，重要的是你是否肯定自己；别人如何打败你，并不是重点，重点是你是否在别人打败你之前，就先输给了自己。很多人失败，通常是输给自己，而不是输给别人，因为在面对艰难险阻时，自己往往先怕了。

美国《运动画刊》上登载过一幅漫画，画面是一名拳击手累瘫在练习场上，标题为《突然间，你发觉最难击败的对手竟是自己》。这个标题很耐人寻味，体育界最明显能够看出战胜自己的意义，大量的运动员就是在跟自己的心魔做斗争，很多运动员都倒在心理上。美国一个叫西蒙斯的射击选手在雅典奥运会上成绩遥遥领先，最后一枪只要打7环以上就拿金牌，可是他却打脱靶了！四年后，最后一环他又是遥遥领先，结果最后一枪打出了4环，又与金牌失之交臂。

日本有一个学业成绩优秀的青年，去报考一家大公司，结果名落孙山。这位青年得知这一消息后，深感绝望，顿生轻生之念，幸亏抢救及时，自杀未成。不久传来消息，他的考试成绩名列榜首，是统计考分时，电脑出了差错，他被公司录用了。但很快又传来消息，说他被公司解聘了，理由是一个人连如此小小的打击都承受不起，又怎么能在今后的岗位上建功立业呢？

这个青年虽然在考分上击败了其他对手，可他没有打败自己心理上的敌人，他的心理敌人就是惧怕失败，对自己缺乏信心，遇事自己给自己制造心理上的紧张和压力。无法战胜自己，就无法迈过困难坎坷，很容易先倒在自我崩溃的心理障碍上。

美国心理专家罗伯特·菲利普接待了一个因企业倒闭负债累累的商人，商人一幅落魄的样子，十多天没刮胡子，眼神也非常迷茫。罗伯特告诉他："我没有办法帮助你，但是我可以给你介绍一个人，他可以帮助你赚回损失的钱，让你东山再起。"商人很激动，让罗伯特立刻带他去见那个人。罗伯特把商人带到一块窗帘之前，然后把窗帘打开，里面是一面大镜子，映出商人的形象，罗伯特说："就是这个人能让你东山再起，你觉得你失败了吗，不，你只是输给了你自己。"商人仔细看着自己落魄的样子，突然哭泣起来。几天后，罗伯特在街上看到商人，他已经换了西装刮了胡子，真的很快就东山再起了。

要战胜自己很不简单，一帆风顺时每个人都很积极向上，但是当磨难挫折找上门来，不同的人会有不同的处理办法。心智强大的人会坦然处之，鼓励自己重新出发，而内心不够强大的人会先否定自己，认定自己无法迈过难关。

伟大的《肖申克的救赎》中，遭人陷害的安迪用20年时间以一把小凿子打出一条逃生之路，当他在大雨中光着膀子朝天呐喊时，相信很多人都被感动了。安迪就是一个战胜自己的典型代表，面对终生监禁的判决，面对几乎无望的上诉，安迪若泄气认命，那就是在监狱待一辈子的命运了。但是他渴望自由的信念支撑着他，他与自己做斗争，与现实做斗争，用20年的时间完成了这项不可能之举。

我们在社会竞争中总是想着战胜别人、超越别人，总想着要比别人强。而事实上，战胜自己比什么都重要，战胜别人只是一时的胜利，战胜自己走过的是磨难，领略的是人生感悟，提炼的是自身的气场。

6. 一旦选择一个方向，就走到极致

金星活跃在电视屏幕上，脱口秀、做评委、参加综艺节目，但是她的生命中离不开自己"所来之处"——舞台。本来以金星这么大的名气，踏踏实实做脱口秀就好了，但是她绝不会放下舞蹈，其他工作对金星来说都是副业，她的唯一主业就是舞蹈。

实际上，最开始金星是在用做电视节目的钱补贴自己的舞蹈团，金星表示："我做了很多其他舞蹈家都没做的事，我搞创作，我亲自跳，用副业养我的主业，我可以跟所有国有体制院团叫板，我不拿政府补贴，金星舞蹈团照样可以卖票演出，我们没有赞助只靠票房生存，这叫底气！此外，我那边做电视评委可以一晚上出场费几十万，但我这边跳舞，一晚上利润才2500元。所以这跟钱没关系，如果为了赚钱那就别站上这方纯洁的舞台。"

现在中国社会普遍对舞蹈关注度不高，而为了保障演出质量，剧场一般只能坐几百人，跟明星演唱会动辄上万人的票房收入不能比。所以金星选择了用节目养活舞蹈团，培养更多的舞蹈人才。金星说："我现在的成就和个性、气质的养成都要归功于舞蹈，而且我的价值观、审美还是舞蹈的。我现在每个月还会跳两次舞。我的舞蹈团今年在全国有13场巡演，票价从不打折，但票房成绩很好。在我看来，舞蹈是不能打折的，推动中国舞蹈发展也是我义不容辞的责任。"

我们每天都会做很多同样的事情，过一段时间我们发现，有的人做起来，做得越来越好，而有的人，即使做了很多年，却也没有多大的进步。为什么会有这么大的差别呢？其实是态度和行为的问题。就像狗熊掰玉米，很多人凭着兴趣和冲动做事，没做多久又发现其他好玩的，就又跑去做，最后就出现了事事不精的情况，什么都是半吊子。

人生有很多条道路，站在分岔口，我们只能选择一条路。一个人可能同时选择两条路吗？当然不可能。每个人都要选择一条使自己立足的道路，就

像金星选择了舞蹈、郎朗选择了钢琴、莫言选择了写作一样，这一条道路就是我们为之奋斗、为之奉献汗水的领域。年轻人最喜欢"改换门庭"，想当作家，写一年小说，发现没什么人看，就改行学美术，又发现没有美术天赋，迫于生计改行做推销，最后又跑到其他行业。行业是换了很多，可是没有一个行业真正做得精，根本没学到真正的本领，更没得到真正的锻炼。

仅仅选择一条道路还不够，还要在这个方向走到极致。你会发现很多领域的成功都是如此，简单而又艰难。日本擦鞋匠源太郎为养活自己四处擦鞋，他并不满足于此，他走遍日本拜访手艺高超的擦鞋匠，去跟他们学习知识，并研发自己的擦鞋手法。他把每一双鞋都擦出了新意，他还研究各种皮鞋、鞋油，逐渐名气越来越大。在1975年，源太郎成了希尔顿饭店的"定点擦鞋匠"，包括日本前首相等名人都成了源太郎的常客，他甚至给迈克尔·杰克逊擦过皮鞋。

世人都渴望成功，但真正成功的人是少之又少；世人都渴望做大事，而对小事、简单的事不屑一顾。其实，何为不简单？简单的事情坚持做好，就是不简单。成功就是简单的事情重复做，做到极致，不断地重复，哪怕每次时间不长，坚持十年、二十年，终究会有所成就。尤其像弹琴、写作、绘画等等事情，更加不能偷工减料，没有上万小时的反复磨练，是不会达到极致的。

蔡志忠15岁那年带着250元漫画稿费来到台北闯荡，没学历的他却在跳槽到当时最大的出版社时，击败了29名大学生。为了向更高的目标迈进，蔡志忠开始"闭关"，他疯狂地画漫画，每天的睡眠不超过5小时，吃的只有馒头加豆腐乳。很快他就有所成就，在漫画界的表现如异军突起，他的"庄子说""老子说"系列书被译成世界各国文字向国外输出后，他也一度成为台湾地区纳税额最高的一位作家。后来谈到自己的成功秘诀时，蔡志忠说："把自己最擅长的事情做到极致，就会成功。"

当我们选择了为之奋斗的方向后，就要做好为此付出汗水的心理准备，成功有时候就是这么简单，专注于一个方向，在远超常人的大量练习下，就会进一步地参透所从事事业的原理，把一件普普通通的事情做到极致，就是成功之时。

7. 绝不和自己的选择讨价还价

金星在舞蹈这条路上是走得非常艰难的，她都咬牙坚熬了下来，她依然在努力追寻着自己的舞蹈梦想，哪怕吃再多的苦她也绝不退缩。金星在美国站稳脚跟后，又萌生出去欧洲学舞蹈的想法。

金星回忆道："当时千方百计要留下来的是我，到后来也是自己主动想走。我不要绿卡，小本子才不能框住我，我要去欧洲，去各种地方，对这个世界的好奇一直在后面推着我走。当美国人听说我要走的时候,他们的反应是：'金星，你疯了？想在美国之外的地方去成就现代舞，怎么可能？'我心里知道，当时美国的现代舞是世界上最好的，凭我当时在美国的能力和基础，我可以有很多最顶尖的机会。但我心里有不安分的东西在跳，我摁不下去，就是要去欧洲，那里的文明更加古老更有魅力，它在叫我的名字。我性格很倔：'偏要去欧洲，我就不信全世界只剩纽约了。如果下次回来，我一定要带上我的舞蹈团，不然我自己都懒得回来。'我守这个约守了二十年，包括我姐姐现在在美国生活是个美国人了，我都没去看过她，二十年以后我带着我的金星舞蹈团去了美国。这也是我的坚持，绝不和自己的选择讨价还价。"

人们总是在跟自己讨价还价，工作很忙很累，却在心里嘀咕：偷一会儿懒吧。明明有很多事情要做，却先犯懒地拖上几天再说。本来定下目标要考100分，贪玩一阵后，目标降为80分。这样的例子太多太多了，跟自己讨价还价很容易，意志不坚定的人很容易妥协。

泰戈尔有这样一句话："我曾错过太阳，但我不哭泣，因为那样我将错过星星和月亮。"每个人都要面临自己的选择，然而大部分人却不想为自己的选择负责，他们会因为选择后吃了一点苦就开始质疑，开始后悔着是否要重新选择。既然选择了就不要后悔，不要总想着跟自己的选择讨价还价，有的人选择成为一名工人，就要接受工作的繁重和辛劳；有的人选择做生意，就要接受生意失败带来的巨大压力。

很多时候并不是选择出了问题，而是心态有问题，做不好只是因为还没吃苦到位。既然你选择了辉煌的事业，就要在布满荆棘的道路上奔波，舒适、休闲的生活就会离你而去，即便后悔也来不及。这是每一个渴望成功的人都要面对的，宝剑锋从磨砺出，梅花香自苦寒来，经历千辛万苦才能够"修成正果"。

季羡林这一生多磨多难，他选择去德国留学，结果遭遇了第二次世界大战。由于战乱，物资开始缺乏，在餐桌上最先消失的是香肠，后来是黄油，最后只剩一片有鱼腥味的面包了。最初还有茶可喝，后来只能喝白开水了。生活的困难没有阻碍季羡林读书。哥廷根中国学生极少，有一段时间，全城只有季羡林一个中国人。

季羡林在日记里自述："天空里盘旋着英美的侦察机。吃过午饭，又来了警报，就出去向那防空洞跑……一直等到五点多，觉得不会再有什么事情了，才慢慢回家。刚坐下不久，就听到飞机声，赶快向楼下跑，终于跑到那防空洞。仍然是一批批炸弹向城里丢。我们所怕的大攻击终于来了。"

季羡林在里面躲了很久，八点的时候再出来看见西城车站一片大火，浓烟滚滚，看来发生了不小的爆炸，季羡林回到家中。等到夜里连一点电都没有，屋子里一片漆黑，季羡林心里极度不安，想来想去，最终还是带了东西重新回到了防空洞。

这种孤独寂静的环境，正好给了他空前绝后的读书的机会，季羡林就在这种炮火连天中读书，时刻都有生命危险。如果你选择了一条充满艰辛的道路，那么也应该庆幸，因为这条道路的艰辛将决定你日后的高度，吃过的苦越多，流过的汗越多，你的成长就越多。选择了高山，就选择了坎坷，下坡的路很好走，但是这样的选择不值一提。

著名钢琴家贝多芬年幼时常被父亲逼着弹钢琴，有时候半夜都会被父亲粗暴地叫起，让贝多芬开始练习曲子，后来随着贝多芬渐渐长大，父亲问他以后想做什么，贝多芬回答："弹钢琴。"就这样贝多芬来到了维也纳，做了好几年无名小卒，身上只有可怜的生活费，他不停地练习着曲子，在这样的情况下他也没有退缩回乡下，最终在维也纳大获成功。

路是自己选择的，也是自己走出来的，走之前当然没路，布满的荆棘会把脚扎出血，但是每个人都要经历这一过程，当你真正走过去后就会清楚地看到自己的成长。不管是以前，还是现在，我们唯一能做的，只是义无反顾地走下去。为自己的选择负责，坚定信念走下去。改变困境的唯一办法就是努力，不抱任何怨言，赢得与自己的战斗。

第七章

诙谐

1. 没事笑笑自己，娱乐一下别人

金星被调侃为"毒舌"女王，事实上她对自己"毒舌"起来也毫不留情，她曾讲述过自己在国外追求"时尚"的黑历史：说自己"烫了一头跟羊屁股似的头发，带着镀金的钥匙链，穿着跟肯德基爷爷一样的白西装，走在法国的街头。"她在节目中频频通过讲述自己家庭的小段子来自嘲，通过强烈反差的对比来产生幽默的效果。

金星除了做电视节目，还活跃于舞台上，她不止跳舞，还演话剧，她曾经和著名京剧大师关栋天合作话剧，她也自嘲道："我们是朋友，互相欣赏，但两人分属两个领域，最合适的合作就是话剧，因为我们的舞台经验是不容置疑的，语言是关爷的强项，肢体语言是我的强项，我嘛，语言不够，肢体来凑呗。"

自我解嘲是一种高层次的幽默。而在现实生活中，自己"骂"自己，往往会收到妙趣横生、意味深长的效果，而且当你在与他人的沟通中遇到一些自己难以开口的事情时，你可以借"骂"自己来为自己开脱。学会适时的调侃，就能够制造宽松和谐的交谈气氛，不仅自己能够活得轻松洒脱，且还能使人感到你的可爱和人情味，从而改变对你的看法。

适时自嘲可以展现良好修养，不但让自己活得轻松潇洒，还能维护面子。很多时候恼怒是无意义的，那还不如自嘲一把，给双方一个台阶下，用笑声缓解问题，既显得自己有人情味，又能赢得尊敬。英国著名学者托马斯·富勒说过："先嘲笑自己的人，不会被别人嘲笑。"

2012年，多伦多市长福特为当地的橄榄球运动做宣传，当天吸引了大批的媒体和市民前来拜访，福特市长站在市政府广场的草皮上表演传球，只见福特手拿着橄榄球，学着四分卫准备将球丢出，却不慎失去平衡，胖胖的身材往后摔倒，西装革履的他在地上滚了一圈，观众们全都大笑起来，也有记者赶紧拍摄市长出糗画面。而福特市长却笑嘻嘻爬起来，赶紧跑到镜头前，自嘲地说，"没关系，我的肉很厚。"

公众人物有时喜欢以嘲笑自己的长相来和大家结缘。美国喜剧明星亨利·杨曼开玩笑说："我出生的时候，医生没有打我屁股，而打了我妈妈的屁股，因为她把我生得太丑了。"懂得自我调侃艺术的人让人有"提得起、放得下，想得开"的感觉，而人若不懂得自我调侃，很容易招致别人的调侃。

有人说："第一次发现自己能够调侃自己的时候，就是成长的开始。"拿自己开涮其实是最安全的，这是一种深层次的自嘲，可以通过拿自己开涮来展示自己幽默大度的一面，事实上人们对喜欢拿自己开涮的人颇具好感，因为这类人普遍随和友善，甘愿拿自己做笑料博人一笑，实在难得。

著名导演冯小刚身患白癜风，2010年他首次在微博回应此事，在感谢群众送上祖传秘方之余，还不忘拿自己开涮："小小报应添堵远比身患重疾要了小命强……再者既便治愈，我也变不成吕布、黄晓明，顶多就一不用打底色的杜月笙。"此微博一出便引来大量评论和转发，绝大多数网友都被他的真诚和幽默打动，并劝冯导多多注意身体。

央视著名主持人李咏的脸型是众所周知的，有一次，记者开玩笑问他："你的脸到底多长，量过吗？"李咏夸张地说："今天早上的汗现在刚流到下巴！"记者又问："有没有想过换一个发型？"李咏接过话茬："想过呀，但头发又少又软，如何盖得过这张长脸！"幽默并不只是调侃别人，幽默更多的是要调侃自己，敢于拿自己开涮，而且善于拿自己开涮，这才是深层次的幽默。

一个敢于自嘲的人，一定是一个乐观向上的人，自嘲这种高级幽默并不是所有人都能够接受的，有些人为了保持自尊，不允许任何人嘲笑自己，更不会自己嘲笑自己。但是真正的聪明人会懂得拿自己开涮，我们要记住，生活中智者的金科玉律一概是："不论你想笑别人怎样，先笑你自己！"

2. 善意调侃让交流变得有情趣

在《金星秀》上，金星调侃郭德纲的婚姻，她说："郭德纲到现在零绯闻……"

郭德纲也开怀回应："我也是在努力当中！哈哈哈。"

金星继续调侃："是跟长相有关系，还是跟兜里没钱有关系？"

郭德纲："其实我这两点都有。"

金星："听说他老婆不给钱，没钱谁跟他混呐。"

郭德纲笑着说："绯闻要钱干嘛，又不是做生意。"

金星："那不得请女孩吃个饭啊？"

郭德纲："我有社交恐惧症！"

在金星的脱口秀中，她与嘉宾的问答环节总要幽默调侃对方，对方也会调侃回来，笑料不断。有的嘉宾第一次上金星的节目很紧张，金星就用调侃的方式让气氛活跃起来，几番开口大笑后，嘉宾也就放得开了。

善意调侃会让交流变得有情趣，妙趣横生、其乐融融的沟通氛围就是从这里产生的。比如，朋友之间围着桌子坐下来，若心无芥蒂、毫无隔阂，开句玩笑，贬低一番对方，互相攻击几句，打几拳、给两脚，并不是坏事，反倒会显得亲密无间。毕竟，彼此毕恭毕敬未必就没有矛盾，而平日吵吵闹闹的夫妻可能会更亲热。

著名演说家罗伯特说："我发现幽默具有一种把年龄变为心理状态的力量，而不是生理状态的。"一个人如果想拥有愉快的生活，那就要尽可能地培养自己的幽默感。幽默是一种很神奇的东西，它可以帮我们摆脱种种烦恼，让生活变得轻松愉悦。在生活中，多一点幽默感，少一点气急败坏；多一点乐观豁达，少一点你死我活，以幽默的力量来引导自己的生活与事业，一切不快都会烟消云散。

一次大地震时，一个农民家的屋顶被掀了起来，这时候大雨倾盆，他的家人慌乱成一团,他对他的家人说:"别着急,没有房顶的坏处就是被雨淋湿了,但好处是太阳可以直接晒干我们的东西。"这个农民能在生死关头处乱不惊地调侃,让家人从惊慌的状态中平静下来,心灵得到暂时的安慰和放松,这是一种伟大的智慧,也是幽默艺术在生活中的作用和魅力的最好体现。

二战期间,英国首相丘吉尔到美国与罗斯福总统商议合作,丘吉尔被安排住在白宫里。某个上午,丘吉尔洗完澡裹着浴巾在踱步思考问题,正巧罗斯福进来,看到只剩下一条浴巾的丘吉尔,十分尴尬,想要退出去。丘吉尔却张开双臂说道:"进来吧,总统先生,大不列颠首相是没有什么东西需要对美国总统隐瞒的。"罗斯福闻言停住步伐,两人相视哈哈大笑起来。

当然,需要注意的是,调侃别人要掌握好分寸,不能恶意地讽刺、揶揄别人,尤其是那些可能让对方尴尬或误会的话不说为妙。凡事要有度,玩笑话若说过了头,难免引起误会或适得其反。好口才的作用以愉悦他人、提升气氛、建立良好的关系为主,如果不能拿捏好尺度,即使语出无心,也难免因一时口快招致麻烦。

要让他人认可自己的幽默,并且在调侃他人的途中不至于"惹毛"对方,那么就一定还要具备深刻的洞察力,因为培养机智、敏捷的能力,是提高幽默的一个重要方面。譬如,假设你严肃地就某一个话题批评某个人,他即便知道自己错了,心情也是不舒服的。如果能用恰当的比喻和诙谐的语言,并且注意在用词中规避他人的忌讳,这样能让彼此之间产生轻松的感觉。

其实,不论是为加强彼此之间的友好氛围,还是为化解彼此之间的冲突尴尬,只要我们学会适时的巧妙的"幽他人一默",通过幽默来间接表达潜意识的意图,让彼此能够在轻松的环境中处理问题,那么任何事情都会办理得更加成功。

调侃别人之前,先要弄清楚你所选择的对象是否受得起你的玩笑。一旦玩笑过了火,就不再是幽默,善意玩笑会变成恶意耍弄,让对方颜面尽失,对你怀恨在心。明白什么样的环境下开什么样的玩笑,这是证明一个人是否会说话的重要标准。

调侃别人,要看对方的性别、身份、地位、阅历、素养以及性格。一般老朋友或亲人家属间调侃的尺度可以偏大一些，即使玩笑开得有些过火也无伤大雅。但如果对方是上级、名人、长者、陌生人、妙龄少女、性格忧郁或孤僻的人、对工作或职业不满的人，一般不宜随便开玩笑。

调侃本是一种善意的情趣，时刻牢记，我们调侃的目的在于活跃气氛，而不是诋毁他人。因此，在开口之前先考虑考虑，对方会不会因此而不悦。调侃别人可以带来愉悦的体验，但是也可能因此惹恼对方，调侃并不是一件简单的事，包含着很多学问。

3.尴尬了,幽默来救场

金星在节目中采访一位女明星,众所周知金星是一个特别有母爱的人,她见了很多女性就劝人赶紧生孩子,这次也不例外,金星对女明星说:"当你生了孩子之后才知道,母亲为什么要付出,母性的伟大。"结果对面的女明星也是无心之言,回了一句:"说得好像您都生过一样。"场面一下子变得尴尬,金星用一句话就把尴尬化解,赢得了满堂喝彩,金星回答道:"但我把自己生了出来啊!"

聪明人在碰到尴尬的事情时,总会先幽默地自嘲一番。因为这样一来,不仅巧妙地利用调侃为自己挽回了面子,还顺势给了对方一个台阶下,让彼此之间刚刚紧张的气氛重新又变得轻松温馨起来。

都说天有不测风云,谁还不遇见点尴尬的事情,遇见让人羞愧不已想找个地洞钻进去的事情不要紧,要紧的是你得会用幽默将其化解掉,无论是化解自己的尴尬,还是帮人解围,都有非常好的效果。曾有一个电视台的主持人介绍艺术家南新燕时说成了"欢迎南新燕小姐",当南先生走出来后,主持人一看介绍错了,赶紧说道:"真是非常抱歉,我望文生义了。因为您的名字太美了,让我想起来那首古诗,'旧时王谢堂前燕,飞入寻常百姓家'……"主持人机智地将自己的口误化解为赞美,赢得了观众们的掌声。

在面对这样的时刻,不要急切地掩盖自己的尴尬,这样只会让你欲盖弥彰,越来越尴尬。比如在路上跌倒、不小心揭了他人短或被他人揭了短、做了让人啼笑皆非的事等等,不要面红耳赤急于躲避,你可以用这样几种方法,将尴尬转化为幽默。

美国总统里根在任时,有一次去加拿大访问,在一座城市发表演讲。在演讲过程中,有一群举行反美示威的人不断打断他的演说,让陪同的加拿大总理皮埃尔·特鲁多非常尴尬。面对这种窘境,里根反而带着微笑说:"这种事情在美国是经常发生的,我想这些人一定是特意从美国来到贵国的,可能他们是想使我有一种宾至如归的感觉。"三言两语，就将外交场合中的尴尬化解了。

　　尴尬场合，运用幽默的方式可以平添许多风采。自嘲实质上是当事人采取的一种貌似消极、实为积极的促使交谈向好方向转换的方法。比如在言谈中你无意讲了污言秽语，对方脸色一沉，你可以自嘲道："哎，我真是个粗陋的人，肚子里有脏话总消灭不了，总是自己蹦出来，还请你多多原谅。"一句话，就可以使对方不再介意，而且还拉回了自己的脸面，给自己一个台阶下。

　　首次登上月球的，是阿姆斯特朗和奥德伦两个人，可是最先踏出第一步，被歌颂为"一个人的一小步，整个人类的一大步"的，是阿姆斯特朗，而不是奥德伦。当他们返回地球后，在媒体见面会上，有记者问奥德伦："由阿姆斯特朗踏上月球，你会不会觉得很遗憾？"

　　奥德伦轻松一笑，答道："你们要知道，当我们回到地球，第一个爬出太空舱的可是我啊！我是由别的星球过来，踏上地球的第一个人啊！"全场的记者都笑了，并对其报以雷鸣般的掌声。

　　奥德伦以轻松幽默的方式化解了这次尴尬，如果不采用这种方式他用什么方法回答都会显得落下乘，可是他将话题本末倒置，用幽默的方式来回答，赢得了所有人的尊重。

　　当一个人已经意识到自己犯下错误，或者可能会造成尴尬的局面时，不妨试着用一下"先发制人"的方法数落自己一番。因为人心是很奇特的，当对方发现你已承认自己的错误时，便不好再予以责备，这就叫"巴掌不打自嘲人"。而利用这种方法，也能为彼此都救回面子，无疑是一个促进沟通交流的好办法。

　　因此，当我们在生活中遇见尴尬的事情时，为了圆场子，不妨提及自嘲的话题。通过对自己的善意攻击来消散尴尬的气氛，转移对方关注的焦点，不露痕迹地照顾到对方的自尊心，这样就可以缓和由于自己的失误而变得紧张的气氛。

4. 有创意的幽默更吸引人

金星不会抄袭网络上的段子，她的幽默在于现场机智的插科打诨，她的脱口秀大部分也是结合她自身的经历进行评说，金星认为说老段子是一件很丢人的事，所以她在不断地求新求变当中。

金星在上海的剧场做脱口秀，刚开场就调侃起了海派清口的代表人物周立波，"大家可能不知道，我和他是邻居，他住楼下我住楼上，我每天都踩在他头上，可惜从来没见到过。但是我知道周立波先生很注重腔调，头是锃亮锃亮的，他的车也是锃亮锃亮的，我一直在猜测，是不是用的同一罐蜡。"

一席话三度转折，让台下观众捧腹大笑。随后，金星还把舞蹈融入了脱口秀中，她带来了《中国好舞蹈》里的实力舞蹈演员，而在演出的最后，金星也忍不住跳了舞蹈，让人爆笑的是她踩着高跟鞋跳起了《小苹果》，她还说："我要是去跳广场舞，也一定是领舞那个。"

幽默是一项"技术活儿"，它形式多变，每个人都有不同的幽默方式，它不是简单地搞笑，很多不方便说的话可以通过幽默的方式表达出来，很多思想也可以通过幽默的语言传递给别人。

美国前总统林肯就是一位颇具幽默感的人物。一次，一位老太太对林肯说："你是我见过的最丑的一个人。"林肯听后却只是笑着抱歉答道："请多包涵，我也是身不由己。"如此幽默的回答，富有风趣的同时，又体现出林肯的豁达和自信。他敢于面对现实，敢于拿自己开玩笑，充满了人格魅力。

美国哲学家帕克说："有原谅人的幽默……喜剧要么是刺人的，要么是温厚的。讽刺的目的是道德主义和感化性的，幽默的目的则是审美的和沉思的。"所谓"沉思"，就是对幽默内容的追求和探索，决不能千篇一律，听来一个好玩的笑话可以讲给别人，但是语言上的幽默就不能随大流。

事实上，幽默是可以与时俱进的，每个时代有每个时代不同的"笑点"，就像现在的小孩去听上个世纪五六十年代的相声，可能就觉得没意思，又长又慢，笑点还少。世界上没有两片完全相同的树叶，因为大自然不喜欢雷同和重复，当你给人讲一个好多年前流行的笑话或者段子，不单单是不好笑的问题，更会让你这个人显得特别落伍，当你的笑话说完后，对方无奈地说："我已经听过了。"这就比较尴尬。

一个不断充满着新鲜幽默的人，就像一眼活泉，能带给身边的人源源不断的乐趣和活力，但是想做这样的人也是非常难的。说话的时候不要总是老生常谈，就算是讲笑话也最好讲你最近看到的，谈论话题也要围绕着最新的话题来，所以每天早晨看新闻是一个很不错的补充自己的方式。这样的求新求变，就会让你的话语里充满了新鲜感。

面对普通的观点、想法，我们可以用全新的方式表达出来，从独特的角度出发，让话语的幽默贴近当今生活，就会变得很有新意。比如著名脱口秀主持人、相声演员王自健曾经请来很红的延参法师，延参法师属于一本正经讲的幽默，王自健问他如何跟新生代的小徒弟沟通，延参法师回答："前几天欧洲杯，小徒弟们想看，我就不让，我说一群外国人跑来跑去有什么意思。"王自健说："出家人不让看球，是不是出家人不能有胜负心？"延参法师说："曾经巴神有一张流眼泪的照片……"王自健："您连巴神都知道？您还不看？"

在幽默的外衣下是可以表达很多东西的。比如法国著名的幽默家特林斯坦·贝尔纳有一天去饭馆吃饭，饭馆很热情，但是做的东西实在难吃。付账后，贝尔纳请侍者把经理叫来。经理来后，贝尔纳对他说："现在我们来相互拥抱一下吧！"经理奇怪地问他为什么，贝尔纳说："永别啦，你以后再也见不到我了。"贝尔纳的聪明之处在于，他没办法直言拒绝饭馆的热情，也不是很好直接批评对方厨艺不精，他用这种幽默的方式婉转地表达出自己的观点，很好地把问题解决了。

多使用一些有新意的幽默，可以使我们的话语更加生动，更好地推动欢乐的气氛在人际交往中蔓延开来。

5. 加入当下的元素，让语言更有趣

脱口秀节目有一大特点便是承担了新闻评论的角色，必须要对时下热点进行点评。金星每一期脱口秀都要请来一位处于话题中心的明星与她对话，同时她还要针对社会最流行的热点进行辛辣点评。

2015年2月11日，西方情人节前夕，在《金星秀》上，金星评论了当时特别热的韩流、广场舞以及情人节。

金星调侃道："为什么我不过情人节，我是有原因的。在中国大部分年轻人看来，除了清明节以外，所有的节日都当情人节来过。它的程序都差不多：中午请女孩吃饭，下午陪女孩逛街，买东西，买买小礼物，买包包，晚上烛光晚餐，吃完了差不多八点了，来吧，看个电影去，电影看完了，夜深了，车也没了，路上的人也少了，那我们……上宾馆……"

金星也调侃广场舞："广场舞这个事，公说公有理，婆说婆有理，没事打什么架，都不容易，但这个问题出在哪呢？我觉得要怪跳广场舞的音乐有问题，以前也有练太极、耍剑的老人，动静也不小，那个时候就没有矛盾，因为那个时候音乐多柔和，都是古典音乐，不是高山流水，就是泉水叮咚。可现在叔叔阿姨太与时俱进了，跳舞选的音乐绝对是神曲级别的，听了让你不由自主动起来，今天跳《最炫民族风》，过一会儿又换《套马杆》了……"

比如说，2016年欧洲杯期间，全世界的人们都在谈论着欧洲杯，即便是平时根本不看球的人也尝试着了解几个球星，如果你不了解就"OUT"了，别人谈论欧洲杯谈得火热，你啥都不懂就根本没有办法加入进去。反过来说，适当地引入欧洲杯话题，将让你成为话题的中心，讲讲C罗能否圆梦欧洲杯、德国队能否横扫欧洲这样的话题，大家都围着你进行谈论，这就是加入当下元素的好处。

让话题有新鲜感的最好做法就是聊一些最新发生的新闻，这样的好处也就在于可以随时随地找到谈资，一般来说大家都是比较关心新闻的，尤其是

一些关乎民生的政策，谈论起来总是会引起热议。时下发生的新闻是最适合做谈资的了，当然除了谈新闻，还可以用一些网络用语，如果是在跟年轻人沟通的话，近期流行的网络用语将会使你们两人的关系迅速拉近，感到彼此都不是守旧的人，感情迅速升温。

很多人都觉得流行语是年轻人的"特权"，年纪大了不适合用流行语，其实不是这样的，如果你身居高位，平时里一副威严模样，偶尔说几句流行语会让你一下子与人拉近距离，让你更接地气，更显得与时俱进。冯巩率领一众人等在2010年央视春晚上的相声剧《不能让他走》里面就运用了大量的网络词汇。如"我就是打酱油的""你妈喊你回家吃饭""哥只是个传说"等等，极大地丰富了节目的喜剧性。

其实想要在与别人初次见面时就赢得好感或者说话不让人厌烦，我们可以往话语中添加的常见元素大概有四种，分别是：

排名第一位的是天气。天气和生活息息相关，当然是人们关心的话题，即使是陌生人也可以畅谈无阻。但是要避免"今天下雨了"这样难以接口的话，应该采用"下雨了有没有提早出门啊？"这样的问句，和对方形成互动。

排名第二位的是最近的综艺节目。这两年国内综艺节目大热特热，如《中国好声音》《奔跑吧兄弟》等等，加上老牌综艺节目《非诚勿扰》等，这些节目基本上是每一个上班族都在看的，所以从这方面下手是很容易找到共同语言的。

排名第三位的是两人都熟知的人。不管是朋友还是偶像，都可以作为谈论的对象。但是要注意不要说别人坏话，以免给对方留下"爱传八卦"的印象，谈论应以正面为主。

排名第四位的是时政时事，时政时事一般多跟男人谈及，有相当一部分男人爱侃这方面的事情。

当然，如果双方为老乡，那么聊聊家乡是可以放在第一位的，比较适合用在两人初次见面的场景中，能够迅速拉近距离。

6. "逗贫"笑料足

金星和孟非一直以高智商、高情商和亲民形象出现，又都是名嘴，所以当《金星秀》把孟非请去后，甚至有的粉丝建议金星上《非诚勿扰》。两人虽然此前从未合作，但是关系融洽，现场也是大打"嘴仗"欢乐不已。金星问孟非紧张吗，孟非答上台前上了四五趟厕所，金星无情调侃："那是你肾不好。"两个互相逗贫谁也不让谁，最后金星"怒吼"要揪孟非头发，让人爆笑不已。

逗贫其实是一种无意义的调侃、开玩笑，一个总能逗贫的人会引人喜爱，因为这样的人乐观，遇到什么糟心事也不唉声叹气的，而总是能够给人带来欢乐，能逗贫别人，也能逗贫自己，总是诙谐幽默，把欢声笑语带给大家。

郭德纲就是一个会逗贫的人，他是带有北京人、天津人那种逗贫气质的，经常能够将别人逗得哭笑不得，却又对他心生好感。比如，2006年张艺谋的《满城尽带黄金甲》的新闻发布会，郭德纲担任主持人，他在发布会上大显逗贫之能事，整个现场全都被他逗得乐不开支。

发布会刚开始，郭德纲就先拿众人关注的谋女郎李曼开涮："长得真漂亮，特别像小陶虹。"李曼羞涩地转过头去，避开郭德纲的目光，没有想到却等来一句："这角度看就像潘长江了。"后来，郭德纲更是屡次用"郭式幽默"把现场每个人都夸了一遍。

易中天先生也是一个善于逗贫的人。有一次，一位记者问他："你现在羡慕什么人？"易中天看了记者一眼，笑着说："你们呀！你们记者是'无冕之王'嘛，想问谁就问谁，想问什么就问什么，想怎么问就怎么问。我就只能被别人问。而且随便一句什么话，都会被当作'呈堂供词'记录在案，然后断章取义地来'量刑'。如果'态度不好'，肯定'从严论处'。所以，我羡慕你们，就像犯人羡慕警察。"

逗贫之前，先要弄清楚你所选择的对象是否受得起你的玩笑。一旦玩笑过了火，就不再是幽默，善意玩笑会变成恶意耍弄，让对方颜面尽失，对你怀恨在心。明白什么样的环境下开什么样的玩笑，这是证明一个人是否会说话的重要标准。

注意千万不能拿别人生理上的缺陷来开玩笑，比如，腿残、对眼、满脸麻子、驼背等等，对于一个人的不幸，应该是怜悯而非用来取乐。同时，要了解对方是否喜欢开玩笑，对于原本就不善嘻笑常一脸严肃的人，大胆地调侃很可能令其尴尬或无从应变，又或者被无视。

并且，不同的场合对幽默的言辞也有着不同的要求以及限制。休闲性比较强的场合，适度的逗贫犹如锦上添花。但在严肃的场合、庄重的会议或葬礼等一些场合上则不宜跟别人取乐。在比较高雅的宴会上，需要的是高情调以及高涵养，但这并非是禁止相互调侃，而是需要调侃的言语与这份高雅相协调。

一个懂得在不同的场合可以恰如其分地调侃他人，给他人和场面带去欢乐的人，必然会引起大家的好感和关注。

逗贫本是一种善意的情趣，时刻牢记，我们调侃的目的在于活跃气氛，而不是诋毁他人。因此，在开口之前先考虑考虑，对方会不会因此而不悦。

7. 面对刁难，笑着反击

金星在节目中讲过自己一次遭遇电话诈骗的事，最后她用机智的语言对骗子进行了反击。当时金星正在去舞蹈团的路上，突然接到了一个电话，电话中的人一口官腔，开口就说："小金啊，明天早上到我办公室来一趟。"

金星听了很不爽，她说："心想开什么玩笑，放眼当今，谁敢叫姑奶奶小金，你怎么不叫我小星星。再细问对方是谁，对方就特别生气：'哪位领导你听不出来了吗？在你心里到底有几个领导？'"

金星明白了这是个骗子，金星说："我这么多年在外面打拼图什么，不就是图个没有领导吗，我19岁开始就没领过工资，22岁开始给别人发工资，还敢冒充我领导。"

金星没挂电话，故意说道："是王局长？"骗子顺杆爬："听出来了，小金明天9点到我办公室楼下，再给我打电话。"等到了第二天，骗子又给金星打电话，告诉她先不用去办公室，去买几个信封，骗子谎称要给几个客户包红包，当面给不方便，给了金星一个账号，让她汇款进去。

金星回道："王局长，这个钱不能打，这个钱我是替你留着的！马上到清明节了，我还留着给你烧呢！"

金星这个故事虽然不是被人刁难，但是通过金星的讲述，我们也看到金星用她的语言展示了自己对骗子的反击。在生活里我们常能遇到别人刻意或者无意的刁难，尤其在大庭广众之下，与其呛声影响不好，又不能一句话不说忍气吞声。最好的办法就是用语言来机智地回击，得体又大方。

当面对一些比较困难的问题时，迅速接住这些问题，体现了当事人的反应比一般人更加机敏，这是一种非常宝贵的能力。有一次，民众问普京："当总统和总理都睡觉的时候，谁在统治俄罗斯？"普京立刻笑着回答道："我们轮流睡觉。一切都在控制之中，请不要有疑问。"之后，他赢得了非常热烈的掌声。

面对刁难的问题,不知道如何反击,或者大发雷霆表示不满都不是大气的表现,会更加显得被问题"击败"了。所以有气场的人会用巧妙的语言把问题承接下来,或给一个幽默的回答,或认真面对严肃地回答,展现自己驾驭任何场合的气场。

面对那些以各种方式来恶意攻击我们的人,我们首先要做到的就是保持镇静,因为我们的失控和疯狂反应正是那些攻击我们的人所期待的。而当我们保持镇静时,他们看到自己的目的没有达到,一定会充满失望,即使我们不做其他的回击,他们也将"败退"。

回击对方,我们可以"以其人之道还治其人之身"。当萧伯纳给丘吉尔送去两张票,并且说"亲爱的温斯顿爵士,奉上两张戏票,希望阁下能带一位朋友来观看拙作《卖花女》的首场演出——假如阁下还能有一位朋友的话"的时候,丘吉尔回了:"亲爱的萧伯纳先生,多谢戏票。我和我的朋友因有约在先,不便分身观赏《卖花女》的首场演出,但是我们一定会去观赏第二场演出——假如你的戏也会演第二场的话。"

有人曾经对金庸的作品作出过如下的论断:"电视和武侠小说中有很多打斗场面,会给儿童和分辨能力低的成人带来不良的影响,应该限制。"对此,金庸的看法如下:"以前有人攻击武侠小说,认为小孩看了会模仿,也上山学道去了。我想这个责任不应该由武侠小说来负的,毕竟如若是一把菜刀,既可以用来切菜,也可以用来杀人。""一把菜刀"的比喻既显示了金庸式的幽默与机智,也把一个众说纷纭的问题讲得一清二楚。

有时候,我们还可以通过幽默的方式无视恶意的攻击,这样对方感到我们毫不在乎,便会有一种目的没有达到的失落感;有时候,我们还可以正面地原谅对方,以显示我们的风度,对方有可能会因此而放弃恶意攻击,被我们的宽容所折服,这就是一种气场的表现,表现你的镇定自若和沉着冷静。

总之,应对恶意刁难的办法是多种多样的。但无论如何,我们不能让自己失去冷静,以丢掉风度的方式来回击对方,因为这个时候,我们将暴露弱点且让他人看了笑话。所以,保持一个冷静的风度,面对任何场合、任何窘境、任何刁难的提问第一时间先想着保持心态的平和,才能找到反击的方法,比如利用语言上的幽默、反讽、歧义进行反击，关键在于巧妙，巧妙就不是撕破脸皮，而是用礼貌的方式来表达自己对刁难的不满，也能够展现出随机应变的瞬间智慧。

8. 用调侃的方式来说出心中想说的话

2015年2月8日，汪峰向章子怡求婚，引爆娱乐圈。在第二天录制的《金星秀》上，金星就对此进行了调侃："这次好不容易靠着求婚成功上头条了，听说又被邓超和孙俪结婚五周年纪念的新闻给刷下去了。"

虽然嘴上调侃着，金星却也祝福这一对明星情侣，在金星看来两个人过去的感情都有过波折，这是成长的过程，金星说："无论两个人之间有什么样的故事也好啊，经历也好啊，那还是他们俩的事情。我觉得作为我们旁观者来讲，看到美好婚姻的时候，还要给予更多的祝福。"

尽管人们一向把直来直去的性格作为一种美德倍加赞赏，但喜欢直话直说的人却未必受欢迎。毕竟有些话别人不爱听，但出于责任或者义务，你又非说不可，那么不触底线地巧妙传达真话，就是不可或缺的技巧与方法。学会避开那些听起来剑拔弩张的话，并且不碰触底线地绕过去，将自己的想法又很好地表达了出来。

生活中，当我们遇见一些非说不可或者必须指正的问题时，我们首先应该保持冷静。古语有云："匹夫见辱，拔剑而起，挺身而斗，此不足为勇也。"如果你轻易就将对方的缺点或者自己的想法一股脑地搬出，只会让对方难堪，即便你说得再对，都只会遭人怨恨，所以不妨将真话说得巧妙一点。

都说良药苦口，但是你可以将苦药甜服，来个"糖衣炮弹"，同样一句真话，我们可以用不同的方式讲出来。如同事请你帮忙看看他的作品有什么需要改进的地方，那么你可以巧妙地说："改进的地方倒是说不上，我只说几点我更想看到的。"这样就可以将自己的话表达出来，对方又能欣然接受。否则你大大咧咧地接过作品就说："你看这个地方怎么做的，那个地方怎么回事？"对方一定会生你气的。

有的人总是能处在幽默之中，无论是尴尬还是严肃的场合，都能用几句调侃把气氛带动起来，调侃看似总是没正经，其实是在用独特的方式表达自己的观点，愤怒、悲伤、忧愁都可以用调侃的方式展现出来，让听者微微一笑，展现出一种具有喜剧色彩的人生态度。

林肯有一句名言，他说："依我的经验来看，在向一般人说明或解释问题时，说笑话的方式比其他方式更容易被人接受。"用开玩笑的方式表达自己，可以亦正亦邪，很多名人用调侃表达讥讽、反击的话，也能让人开口一笑。马克·吐温曾经在报纸上骂某个国会议员是"婊子养的"，给他招来很多非议，很多人要求他道歉，没多久，马克·吐温道歉了，他在报纸上发了一则声明：前段时间我对某个国会议员的评论有误，我说他是婊子养的，在此更正，我们的国会里某些议员不是婊子养的。

美国哲学家乔治·桑塔亚那选定某天结束他在哈佛大学的教授生涯。他在哈佛大学礼堂讲最后一课时，一只美丽的知更鸟停在窗台上，不停地欢叫着。桑塔亚那出神地打量着小鸟，许久，他转向听众，轻轻地说道："对不起，诸位，我要失陪了，因为我与春天有个约会。"言毕，他微笑着走了出去。充满诗意、幽默的话语，完美地成为了最好的告别之词。

法国演讲家雷曼麦说过："用风趣、幽默的方式说出严肃的真理，比直截了当地提出更容易让人接受。"调侃式的表达，不仅是一种巧妙和艺术的表达方式，而且还是一种让他人和自己都能保有尊严的表达法。当我们很想表达一种内心的强烈愿望，但又不便直言快语时，调侃总是能够帮助我们说出想说的话。

著名作家班奇利，在一篇文章中谦虚地谈到他花了15年时间才发现自己没有写作的才能。结果一位读者来信讽刺他说："你现在改行还来得及。"班奇利见了这封信，并没有暴跳如雷，反而回信说："亲爱的，来不及了。我已无法放弃写作了，因为我太有名了。"

这封信后来被刊登在报纸上，人们为之笑了很长时间。班奇利以调侃的方式委婉回答了问题，既保护了读者可爱的自尊心，也保护了自己的荣誉。这个故事告诉我们，很多时候有话不必直说，把严肃的直言化为调侃，增添一点幽默的笑料，这样的效果会更好。

懂得用调侃表达自己，一定能少惹很多麻烦，也会让人喜欢我们乐观幽默的生活态度，随时随地能调侃，而且能做到不得罪人，这是非常难得的，善用调侃的人充满着乐观的气场，往往能把任何地方都变成自己的主场。

9. 一语双关，用语言增光添彩

金星经常用双关语为自己的脱口秀增光添彩，这是一种常用的技巧，利用谐音或者把词语打乱，增添好笑的效果。运用这种幽默的方式需要一定的文化基础，能够对文字进行解构，同时要能对语境把控得当。

双关语的幽默来自于谐音的反差，也充分体现着智慧。如抗日战争期间，国民政府自南京迁都重庆。一年四季，日寇飞机狂轰滥炸，使山城百姓和流寓此间人士，无不苦头吃尽。但闻警报一响，大官小民，都得丢下手头事体，涌入防空洞避难。陈寅恪教授目睹此状，感慨不已，遂为防空洞题写一联，联文仅8字，却一时广为流传：见机而作，入土为安。这八个字实在是让人感到幽默，把古老的成语运用在艰苦环境中，看到飞机就行动，跑到防空洞下就安全了。

一语双关法，指代的是在一定的语言环境中利用一词多义、多词同音，或形象相似等条件，使所要表达的内容显现出双重意义。一语双关法的特点是"言在此，而意在彼"。巧妙地运用一语双关法，其实也是一种说辩谋略。其实一语双关很常见，年画上常有一个大胖小子抱着大鲤鱼，意为"年年有余（鱼）"，这就是双关。

2010年，刘谦第二次出现在春晚，仍然是和老搭档董卿配合。开场董卿就说："这次这么多人看着，没人再说我是你的托了吧？"刘谦说："你还真在意。"两人都笑，一来一往就暖了场。

刘谦表演的是伸手穿过玻璃抓钱的魔术，刘谦说："非常坚硬的有机玻璃。"

董卿："坚固？"

刘谦："坚固。"

董卿："一年不见你的手越来越会抓钱了。"

刘谦："可惜，抓的是自己的钱。"

观众们大笑。

董卿这句"一年不见你的手越来越会抓钱了",不仅在说魔术表演日益精湛,更是在说刘谦因为春晚舞台红遍全国,赚钱自然是越来越多。刘谦的回应也恰到好处,说自己只能抓自己的钱,还说"可惜",着实有趣。

很多时候,为了增加语言的幽默性,我们可以借助词语之间的简单关系,造成明言此、暗言彼的效果。如梁实秋的文章《雅舍小品·婚礼》:"从前一个乡村铁匠是当地尽人皆知的一个响当当的人物。"铁匠打铁当然"响当当",这个词语能够立即让人想到铁匠的职业特点,彰显幽默。

美国第 38 任总统福特说话喜欢用双关语。有一次,他回答记者提问时说:"我是福特,不是林肯。"众所周知,林肯既是美国很伟大的总统,又是一种最高级的名牌小汽车;福特则是当时普通、廉价而大众化的汽车。福特总统说这句话,一是表示自己谦虚,二是为了突显自己是大众喜欢的总统。再如某洗发水广告语:"无屑可击。"巧妙运用无懈可击这个成语,将"懈"字改为头屑的"屑",既说明了自己的产品厉害、没有对手,同时也契合了去屑的功效,这种双关语就是一种非常好的运用。

如果你遇到了难以回答的问题或者想带给别人一种"言有尽而意无穷"的愉快感受,那就试着用一语双关的幽默吧,相信恰当的双关语总不会让你失望。有一次,美国总统里根决定恢复生产 B-1 轰炸机,引起许多美国人的反对。在记者招待会上,面对责问,里根答道:"我怎么不知道 B-1 是一种飞机呢?我只知道 B1 是人体不可缺少的维生素,我想我们的武装部队也一定需要这种不可缺少的东西。"这句一语双关的妙言,一时竟使得那些反对者不知所措。

生活中,由于双关的表达方式比较含蓄委婉,而且因其回味无穷,因此在说话中常被人所用。很多时候,一语双关的幽默力量,不仅能让人轻松愉快地化解人际交往中的不愉快,而且有时候还能适时地为对方保留面子,又不失自己的风度。纪晓岚与和珅同朝,纪晓岚为侍郎,和珅是尚书。一次,二人同饮,和珅指着一条狗问:"是狼(侍郎)是狗?"纪晓岚还击:"垂尾是狼,上竖(尚书)是狗!"

双关语大多运用谐音或者谐意，比如大家很熟悉的"东边日出西边雨，道是无晴却有晴"。实际上"晴"乃感情的"情"，一语双关可以用在某些不方便直言的时候，侧面地表达想法，很有作用。

一语双关的幽默是人们改善自己情绪和应对生活困境的一种方式。它的形成主要取决于人们的情绪。当你对他人的幽默以快乐和肯定来回应时，当你帮助他人感受快乐时，健康的幽默就已经产生了。这种幽默常常在生活中不经意之处爆发出来，懂得运用一语双关的人一般都会很受欢迎。

第八章

智慧

1. 语言的艺术在于：管你高矮胖瘦，都能听明白

金星走到脱口秀、真人秀的舞台上是她一次接地气的行动，她要了解如今 80 后、90 后的口味是什么，在电视节目上，金星更是对人民群众"喜闻乐见"的话题进行解读，什么"相亲节目""活熊取胆""三亚宰客"等热点社会现象都一一进行讨论，颇有点社会观察员的意味。对此，她表示："现在脱口秀节目多了，我希望我的节目能保持一个真实、原始的观点。"

好的语言不是高深的词汇，而是所有人都能听明白的直白话语；好的气场也不是拒人千里之外的高冷，而是能随时表达自己想法的智慧。一些影视作品里，常有这样的镜头：一个长着白胡子的老学究端坐着，面前站着几个年轻人，听老学究念叨道理，老学究说的是云山雾罩，滔滔不绝，什么"知之为知之""敏而好学，不耻下问"，道理是没错的，但是如今这样的表达方式已经不适用了。

明代赵南星《笑赞》里有这样一个故事："有个秀才到街上买柴火，对卖柴人说：'荷薪者过来！'卖柴人也没上过学，听不懂'荷薪者'的意思，但是听懂了'过来'，挑着担子走过去，秀才又问：'其价何如？'卖柴人听懂'价'字，就回答说三文钱。秀才看了看：'外实而内湿，烟多而焰少，请损之。'穷秀才是想砍价，卖柴人却听不明白，一脸迷惑地走开了。"

这个故事讽刺了那些说话故弄玄虚的人，所谓沟通当然是要对方听得懂才行，否则沟通将不会成立。所以我们千万要记住将话说得通俗易懂、浅显明了，让人一听就明白，切忌短话长说、卖弄文字等做法。比如写诗的时候可以将月亮比喻成婵娟："但愿人长久，千里共婵娟。"在生活里邀请女孩看月亮时还能说"我们一起去看婵娟"吗？类似的说法方式不仅不会让人觉得我们学问高深，反而会增加对我们的恶感，好像那些"天机不可泄露"的话语一样让人反感。

春秋时期，晋国和秦国联合包围了郑国的都城，郑国危在旦夕，烛之武

奉命去见秦穆公，说道："郑国人已经死定了，如果灭掉郑国对您有好处，那兴师动众还是值得的。可是隔着晋国大片国土，大王您攻下来郑国又有什么用呢？这只是让晋国的边疆扩张，是对秦国的削弱啊。如果能保留郑国，作为您东方通道的接待站，对您是没有害处的。像这样损害贵国来养肥晋国的做法，您要多多考虑啊！"秦穆公听了打心底同意，就跟郑国订了和约，晋国看到这种情况，也就撤兵回国了。

烛之武几句话就使得秦国退兵，让郑国免遭大祸。烛之武不谈郑国的存亡，紧紧围绕灭郑对秦国的利弊来谈，最终使得秦穆公听从了他的建议。如果烛之武在谈话中旁枝四出，来回地绕弯，是不可能取得这样好的效果的。

任何时候说话都要有中心，才能有条理。正如写文章要"凤头、猪肚、豹尾"，说话时也要这样有条理，要使说话的中心突出，条理清楚，所说的每一句话都要紧紧围绕必要讲清的内容主流，抓住内容的重点，说话前也有必要理清思路和线索，不要颠三倒四，指东说西，无关紧要的枝节统统都要去掉。

我们要想赢得他人的喜爱和尊重，说话就不能浮于表面，表现出一副高高在上的样子。只有踏踏实实说话，说能够对他人有益的话，拉近与对方的距离，才能够深入人心，让交流更顺利。

2. 华丽辞藻的堆砌永远抵不过朴素的真诚

金星的语言的一个特点就是朴素，她不会使用华丽的语言。

金星说："我没有给自己定位，嘲讽也有，调侃也有，不屑也有，无奈也有。我并不是高高在上、不食烟火的那种，是跟老百姓一样，很多时候遇到问题也觉得无奈啊，该怎么办呢？"所以金星说出的话永远都是那种人人都听得懂的大白话，她懂得用朴素的真诚去打动人心。

托尔斯泰说："真正的艺术永远是十分朴素的、明白如话的、几乎可以用手触摸到似的。"说话力求通俗化、口语化，如不考虑听者的接受能力，用那种文绉绉、酸溜溜的语言就既不亲切，又艰涩难懂，往往事与愿违，弄得不好，还会闹成笑话。

朴实无华的语言是一个人真挚心灵的表达，也是其内心美好情感的展现。因为语言的朴素美是来自于办事和为人的态度，所以，一个人表达的语言越是朴素，那么便越是显得此人真诚、亲切，更能博得他人的喜爱。

古书曾有一记载，说的是唐代诗人白居易写好诗后，常常读给邻居不识字的老太太听，若有不懂处则修改，直到她点头为止。正是如此，白居易的诗朴实通俗，流传极广，曾被人盛赞为"说尽世间俗语"。这就是说话朴素的好处，由内而外透着朴实诚恳的风格，没有虚头巴脑，没有圆滑世故。

一位著名主持人曾说过："我是不主张煽情的，不要为感动而感动，要真实而真诚。这种情绪应当适当，不要太肉麻地反映出来，不要挤眼泪，也不要感动自己。对我来说实实在在传达自己的感觉，语言到位就成了。"

著名演员李雪健因饰演《焦裕禄》的主角焦裕禄，而获得"金鸡""百花"两个大奖的"最佳男主角"。在致答谢词时，他这样说："苦和累都让一个好人——焦裕禄受了；名和利都让一个傻小子——李雪健得了。"他话音刚落，全场掌声雷动。

李雪健这里虽然只说了不到30个字的获奖感言，却非常有感染力，言语中既歌颂了焦裕禄的高尚品质，又体现了自己谦虚的心怀，纯朴实在，通俗易懂，给人留下深刻的印象。所以说，要想真正地打动他人，未必一定要用华丽辞藻去赞美。朴实的语言更能让人信服，听者更易认真思考和接受。

平实质朴的语言不追求辞藻的华丽，但它显然不同于平庸和淡而无味。它不做作，不雕饰，不尚辞藻，却于平淡中往往蕴含着深意。几句平实的语言，就把自己的观点鲜明地表达出来，让人感到很真实。

第二次世界大战胜利前夕的一次进攻战役期间，美军将领艾森豪威尔在莱茵河畔散步，这时有一个神情沮丧的士兵迎面走来。士兵见到将军，一时紧张得不知所措。艾森豪威尔笑容可掬地问他："你的感觉怎么样，孩子？"士兵直言相告："将军，我特别紧张。""噢，"艾森豪威尔说："那我们可是一对了，我也如此。"几句话，便使那个士兵精神放松下来，很自然地同将军聊起天来。这就是接地气、拉近距离的好处。

金星说话从来都是简单直白，不管观众学历高低、高矮胖瘦都能听明白她的讽刺、她的教育意义。那些只知道高谈阔论、眼高手低、阳奉阴违的人，只会遭到他人的厌恶。所以在说话中多讲讲大家都熟悉的身边人，用十分接地气的方式去说话，是完全可以赢得别人的喜欢的，说话会给人一种"如沐春风"的感觉，这就是说话接地气的含义。直白质朴，越接地气越受欢迎，没有人喜欢跟高高在上的人交流，只有两方相互平等了才能产生良好的沟通，这建立在我们说话质朴、接地气的基础上。

金星曾经这样说过："2011年做真人秀评委，是想了解一下观众喜不喜欢、接不接受我这种说话的方式、语境和态度，咦，没想到观众都眼前一亮，这些锻炼了我，都对今天的脱口秀主持有帮助，再加上我舞蹈的肢体语言，所以，那个门打开了，我就自然而然地站到了脱口秀的舞台上，完美。"

3. 女人的性感不是靠露多少肉来表现的

金星曾经在评价某女明星时，说过女人的性感不是靠露多少肉来表现的，不要摆在桌面上，摆在桌面上的是猪肉，不是性感。金星是智慧的，她懂得一个女人真正应该向世界展现什么，金星说过："女人的性感是一种态度，是你的眼神，是你在任何一个角落没有人凝视你的时候，你自己自信的那个立场，是性感的。"

古龙小说里有这样的描写："她进来的时候，就像一片淡淡的月光照进来，让人有说不出的愉悦。"这就是一种难以描述的性感，这种性感不需要露肉，不需要说话，是一种由内而外散发的气质，就像金星穿着旗袍，手里端着红酒，看上去优雅大方，有一种知性美。

"裸露"从不是性感的标配，谈吐、才华、成就，以及你眼角眉梢，透露出的优雅才是。穿少量的衣服，这会让你看上去很廉价，除非拥有玛丽莲·梦露那样的身材和脸蛋。玛丽莲·梦露在很多人印象里就是极其性感，指的是穿着打扮和身材，其实玛丽莲·梦露很有才华，去世多年后她写的诗被陆续曝光，人们才发现玛丽莲·梦露不是一个庸俗之辈，玛丽莲·梦露一直苦恼于人们只注重她的外表，所以才说出："男人愿意花大钱买我一个吻，却没人愿意花五十美分了解我的灵魂。"

演了很多清纯角色的周冬雨代言某品牌，为其做活动时选择了该品牌一件波点风格装束，衣服长度都是很常规的，记者便问她有没有想尝试更加大胆的风格，周冬雨回答说："很多人都觉得女生应该走性感路线，但我觉得性感不一定要体现在身材上。"

的确，性感没有定性标准，在这个娱乐化时代似乎穿得越少越性感。其实我们印象里那些性感的女性并不都是穿得很少，如张曼玉的旗袍装完全是性感的典范。所以，露多少肉从来不是真正的性感，而真正的性感来自于女性的气质与智慧，还有强大的自信。

辛迪·克劳馥的经纪人安德森在看中辛迪的时候，辛迪还是一个身穿廉价产品、不拘小节、不施脂粉的大一女生。

辛迪来自美国伊利诺伊州一个蓝领家庭，她从没看过时装杂志，不懂什么是时尚，更没化过妆。这都不重要，重要的是她天生丽质，浑身散发着清新的天然气息，但是唯一美中不足的是她的唇边长了一颗触目惊心的大黑痣。

安德森将辛迪介绍给经纪公司，却遭到了一次又一次的拒绝，原因大都是因为她唇边的那颗黑痣。但是他下定了决心，要把辛迪及黑痣捆绑着推销出去，他有种奇怪的预感这颗黑痣将成为辛迪的标志。

安德森给辛迪做了一张合成照片，小心翼翼地把大黑痣隐藏在阴影里，然后拿着这张照片给客户看。客户果然满意，马上要见真人，真人一来，客户就发现"上了当"，客户当即指着辛迪的痣说："我可以接受你，但是你必须把这颗痣拿下来。"

激光除痣其实很简单，无痛且省时，当辛迪和安德森商量把这颗痣拿下来的时候，安德森坚定不移地对她说："你千万不能摘下这颗痣，将来你出名了，全世界就靠着这颗痣来识别你。"果然辛迪几年后红极一时，日入3万美金，成为天后级的人物，成为一代名模，她的长相被誉为"超凡入圣"。她的嘴唇被称作芳唇，芳唇边赫然入目的是那颗今天被视为性感象征的桀骜不驯的大黑痣。

真正的性感不在于五官，不在于身材，不在于裸露，而在于一种内心的气质和态度。其实性感完全可以通过智慧来获得，一个高智商、举止得体的女人也会被评价为性感，一些优雅知趣的动作也是性感的象征。如适时地递上擦汗的毛巾，维护男人的面子，主动退出谈话，把时间留给男人，或者在众人的高谈阔论中不落下风，谈吐有知识见解，这才是真正的性感。

有气质的女人可以把简单的衣服穿出性感的样子，关键不在于裸露多少，而是由智慧产生的自信与知性由内而外散发出性感的气质，无论是站与立，一颦一笑、一举一动都有性感的气场，这样才能够随时随地成为众人的焦点。

4. 婚姻就是超脱爱情的坟墓

金星曾经用一大段话来讲述她的爱情与婚姻观，金星说："人们为什么要讳言'婚姻是爱情的坟墓'呢？婚姻就是爱情的坟墓！坟墓有什么不好？坟墓不是指死亡，而是指超脱！婚姻里，爱情已经成了亲情，成了习惯。讲爱情，就是要纯粹；而谈婚姻，就是要柴米油盐。"

金星认为当爱情进化到婚姻时，就有了超脱，她说："爱情让两个人因为爱的感觉走在一起，便是完成了它的使命……当婚姻开始的时候，生活的酸甜苦辣才算是刚刚开了味。那是最平淡无奇的生活，具象而琐碎，谈情说爱使不上劲了，更重要的是彼此接受，彼此磨合。"

金星很智慧，她的爱情与婚姻便是如此，她与汉斯的性格差异很大，两个人也有过争吵和分歧，但是双方都能够接受彼此，忍受对方，不断地磨合，到现在越来越有默契。

恋爱的时候，你要坚持，毕竟是在挑选托付一生的人，而那个时候的他愿意把你捧在手心里，你自然要抓紧机会为自己争取一些地位和权力。但结婚后就不大一样了，你发现爱情在婚姻中变了味道，于是开始怀疑、猜忌、争吵，曾经甜蜜的爱情变得支离破碎。

于是有人说婚姻是爱情的坟墓。事实上，婚姻和爱情是两种不同的状态，赢得爱情需要坚持，但维护婚姻中的爱情则需要妥协。这种妥协是需要智慧才能"灵活妥协"的，不是一味地包庇，两个人的婚姻就像两块棱角分明的石子在相互打磨，最后磨得越来越圆润便是成功的婚姻。

婚姻中，夫妻常常为一件鸡毛蒜皮的小事而发生争执，又因为谁也不先妥协而激发更大的战争，结果使得婚姻走向终结。有一对夫妻，历经磨难才走到一起，却因为挤牙膏的方式不同而离婚了。想想真是让人感慨万千，事实上，除了挤牙膏，还有睡觉前谁关灯、早上谁接那个吵醒美梦的电话、谁在孩子的作业本上签名，任何一件小事，都可以让我们拿出当初追求爱情的劲头来折磨爱情，直到最后两人疲惫不堪地在离婚协议上签字。

智慧的婚姻懂得接纳，而不是改变对方。婚姻不仅是两个人之间的事情，更是两个家族的事情，是要我们接纳对方的一切，不管是优点还是欠缺。嫁给一个人就是嫁给他社会关系的总和；娶一个人就是娶了她社会关系的总和。只要彼此相互选择了，就是合适的婚姻。

结婚后的生活，是双方不断的适应对方、接纳对方、理解对方、鼓舞对方的过程。不要试图用改变对方来适应自己，而是应该收敛和放弃自己的个人化；排除自己的狭隘与固执，以一颗理性的头脑去对待，以一种阔达的胸怀去包容，再以有利于家庭的和谐发展方向为总导向。这样去处理生活，处理随之而来的灾难与幸福，一个家才能永恒，也才能搭建一个幸福家庭的舞台。

往往是在我们感受到了情感的任何一点裂隙带来的巨大损失的时候，我们才会发现，原来对于很多潜在的问题来说，爱的包容都是成本最小的解决之道。爱情是美丽的、激扬的，但是如果没有宽容的依托，不过昙花一现，来得快去得急。当爱情升级成婚姻之后，双方就要动用一切的智慧去完善这份婚姻，用妥协，用包容，用理解，然后把炙热的爱情转化为平淡的婚姻，逐渐彼此之间的亲情越来越深厚。

婚姻生活离不开一日三餐，离不开锅碗瓢盆油盐酱醋，所以，我们不能一辈子追求新鲜的刺激，不能永远飞翔在远离人间烟火的天空，而应该回到现实中来，接纳生活中的平淡，享受生活中的平淡，甚至是追求生活中的平淡。爱情的模式有很多种，它可以是红酒鲜花的烛光晚餐、含情脉脉的柔情蜜意，也可以是相对无语的粗茶淡饭、平平淡淡的闲话家常。

5. 千万别与丈夫争高低

金星去参加《奇葩说》后，就不免有人拿她和第一季里的高晓松比较，对此金星表示自己不是辩论型，她说："男人之间可以玩这个东西，玩得特别好。但我是女人，坐在背后，就不产生辩的欲望，明白了吗？咱们古话说好男不跟女斗，女的也不想男的争什么东西。我就觉得我听不明白了，我就再考虑考虑吧，我就觉得辩论完全是本能的，女人特别感性，我是凭直觉的。"

这是金星的女人观，金星是一个很传统的女性，她说："女人千万不要跟男人争风头，你看我多传统，女人跟男人再争风，也显不出你多好来。我在这边负责颜值。每期打扮漂漂亮亮坐在那儿，然后有一些观点接地气，我就完成我的任务了，跟男人争什么呀。你承担你的责任和义务就完事了，所以我觉得很清楚，我这个人能混到今天，就是识时务者为俊杰。"

金星的话语里包含了一种婚姻之道的智慧，那就是女性可以适当示弱，来满足男性的成就感，女性不要因为强势，而把男人逼得逃离。金星认为"男人很强势的话你一定要适当做个退守，给男人自尊心，如果你跟丈夫要争个高低的话，这就是一个婚姻失败的开始，千万不要跟自己的丈夫争个高低。"

英国著名前首相撒切尔夫人是出了名的强硬，被送外号"铁娘子"，据说撒切尔夫人第一天出任英国首相，参加完就职典礼后回家，敲响家门。撒切尔先生正在厨房做菜，准备给老婆摆庆功宴，撒切尔先生就问了一句谁呀。

撒切尔夫人答道："我是刚刚参加完就职典礼的新英国首相。"结果屋里半天也没有动静，也没有人来开门。这时撒切尔夫人才恍然大悟，转用温柔的语气说道："亲爱的，开门吧，我是你太太。"门打开了，撒切尔先生给了她一个热烈的拥抱。

撒切尔夫人说："女人一生所犯最大错误，是忘记了自己是'女人'。"在婚姻中示弱，并非要矮人一头，而是表现出弱女子姿态。不需要男人做任何事情，甚至可以把所有的事情都能大包大揽地完成，这是任何一个有强烈自尊心的男人无法容忍的。

　　有一部韩剧讲的是有个妻子一味的强势，结果强到丈夫忍受不了，最后一头扎进了情人的温柔乡里无法自拔，面对妻子的寻找，他头也不回，如此绝情的理由居然是你太强了，有没有我这个丈夫无所谓。这样的婚姻就是不幸的，同时也是完全可以避免这种不幸的。

　　太聪明、太独立的女人让男人感觉不到温暖，很难与她分享浪漫。这类咄咄逼人的女强人，最好能在家里迅速变换角色，在自己爱人面前，要学会收敛起过强的上进心和自尊心。尤其是有很多事情根本没有一争高低的必要，总有很多夫妻看电视都能吵起来，就为了电视里出现的一个问题，两方互不相让，这种情况完全是没有必要出现的。

　　有智慧的女人从不与丈夫抢风头，她们会学会隐藏自己，让丈夫出风头。现在流行一个词语叫"妻管严"，丈夫好像对妻子言听计从，其实每个男人心里都不愿意这样在大庭广众之下被呼来唤去，听女人话是基于男人爱你，但是如果在他的朋友面前或者重要场合里，说有失尊严的话，男人是绝对不会答应的。在婚姻家庭中要维持家庭和睦，就不要与男人讲平等，不要事事强出头，示弱于男人，既满足男人的尊严，又能博得他的怜爱。

　　古语道："天下之至柔，驰骋天下之至坚"。在人际交往上，女人偶尔地示弱不会被对方当成无能的表现，甚至可能被认为是最坚强的表现。张爱玲说过："**善于低头的女人，是厉害的女人。**"善于低头不是一味低头，而是适度示弱，也并不是无原则的软弱退让、屈膝投降，而是在一定限度内寻求妥协与合作。成功的女人都懂得在适当的时候收敛、示弱，把风头让给男人，而男人也最懂得珍惜这种有智慧的女人。

6. 什么叫会聊天？有观点才叫会说话

一个唯唯诺诺、随声附和的人是没有气场的，有气场的人一定有自己的观点和看法，并善于表达。

在接受某著名媒体采访时，金星正在一档演讲节目做导师，记者问道："关于做导师的问题，你也说过，有些演员做导师不太靠谱，你觉得演员都不太会说话？"

金星回答说："演员一般说的是台词，平时不见得会说话。会说话也不是伶牙俐齿、巧舌如簧，而是要看说的有没有观点，如果没有观点我认为就是不会说话。"

记者又问道："什么样的声音能够打动你？"

金星回答道："发自己的声音，说自己想说的事情，如果只是'传声筒'一点意思也没有。"金星崇尚有观点的说话，这样才会使自己的语言有力量。

金星不只有辛辣的社会评论，更有营养丰富的"鸡汤"，她在节目中一直不停地传播正能量的观点：

谈女人与家庭："女人要想不往下掉，就一定不能懒，老话最直接：人挪活，树挪死。一个从心到身都打开的女人，才能将这份流动和新鲜感带到家庭的经营里去。"

谈梦想："没有遥不可及的事，只要你往前走，那些东西自然会到你眼前。"

谈偏见："偏见往往是因为不了解并止步于不了解，要赶走偏见，就别轻易在了解之前轻易下判断。"

谈忍耐："填充自己等待机会，表面上是忍，骨子里是不妥协。因为就算我忍的时候，我心里也清楚我是为什么忍，是为了更大的一个目标，能走的更远。"

金星一直在用脱口秀输出观点，给观众讲她自己的经历，告诉人们她的人生观，尽管并不一定全是对的，但她可以保证自己言之有物，能够引起观众们思考，这就足够了。

有气场的人说出来的每一句话都将产生作用，他们不说废话，言之有物是说话的最高智慧。不说废话应该是现代社交的一个重要共识，通过有观点的言行就能够很有效地让别人刮目相看。在这个重视个人表达的年代，说话应该有深度，我们的个人魅力才能充分展露。如果一个人"废话连篇"，说话永远都是照搬别人的观点，那他说的话永远都不会有分量。没有观点、毫无思想的语言都是废话，并不能对自己以及其他人产生任何影响。

说话中想取得主动，让自己的讲话深刻犀利，富有表现力和创新性，可以适当说些创新的话，别人都觉得某件事是这样，我们通过思考提出另一个样，这样的说话方式总能给人"眼前一亮"的感觉。职场里，上司们会喜欢这样的员工，朋友同事也会喜欢这样的人，这是一种很具有创新性的思想表达。

喜剧之王周星驰的无厘头为国人熟知和喜爱，他所饰演的大多是性格乐观却命途多舛的小人物，在小人物的酸甜苦辣中加以无厘头的风格，让周星驰的作品笑料不断。然而在这些笑料背后，可以看到周星驰内心的严肃和认真，他的作品也能给人以启迪。

"扫地只不过是我的表面工作，我真正的身份是一位研究僧。"

"做人如果没有梦想，那跟咸鱼有什么分别？"

"就算是一条底裤，一张厕纸，都有它的用处。"

"除暴安良是我们做市民的责任，行善积德是我本身的兴趣，所以扶老太太过马路我每个星期都做一次，如果是碰到国定假日的话我还做多两三次。"

"我们虽然穷，但是不能说谎、也不能打架；不是我们的东西，我们不能拿；要好好读书，长大要做个对社会有用的人……"等等，这些都是周星驰无厘头搞笑背后的意义，简简单单一句话，看上去是无厘头搞笑，实则饱含哲理与思考。

要想自己总能说出有价值的观点，就必须多思考学习一些东西，并且学会对生活进行整理和总结。总而言之，不要把说话仅仅当成是说话，它更是一种思想的表达，嘴唇一张一合间，你的思想深浅就已经开始显露，无思想口才再好也是无用的。

　　说话有观点,叫言之有物。当我们把自己的观点融入语言时,你就会发现自己说的每一句话都产生了与众不同的力量,能够大大地提高沟通的效率,也容易让别人更加认可我们的一言一行。

7. 端着油锅走红毯，分寸最重要

　　脱口秀在国外是一个成熟的艺术门类，包括剧场驻场演出和电视节目两种。在国内算是近些年才兴起的，从传播的角度上来看，有尺度的限制，金星懂得这一点。《金星秀》导演总结了十二个字："真而不装、骂而不脏、毒而不伤。"这就是他们有分寸的"毒舌"。

　　金星知道自己的真话"毒舌"可能会遭到一些人的讨厌，甚至会惹恼一些明星的粉丝，所以她也知道，想继续说真话，就像端着油锅走红毯，要懂得掌握分寸，才能把这脱口秀玩得转。

　　金星语言大胆却懂得守住话题红线，懂得尊重别人，她不会为了批评而批评，更不会因为个人喜好就对某人大肆评论。很多人都在网上误解了金星，觉得她好像一个人向整个"娱乐圈"开炮，其实不是这样的。

　　金星曾多次表示她是有底线的："要尊重所有人，你谈话可以骂得很狠，但你不要侮辱这个人，不侮辱人格绝对是底线。你别看我在之前说哪个明星，我只是就事论事，一个态度、一个观点，没有攻击这个人，没有。你把我网上所有的话找出来，我没有任何直接攻击某个人。"

　　有记者采访金星："现在很多人称您是'毒舌'评委，甚至将您妖魔化了，您怎么看？"金星回答说："外界的评价，我不在乎。无论在镜头前还是生活中，我始终如一，即便是对待朋友也毫不留情面。请我当评委，就是让我从艺术的角度做一个最精准的评判，你舞蹈跳得不好，我就要说出来。我批评人是有底线的就事论事，绝对不存在人身攻击，忠言逆耳利于行，这是古训。"

　　人在社会需要底线，说话也当有分寸。古人常说："病从口入，祸从口出。"有些人常常一开口就得罪了人，自己却还摸不着头脑。多是因为这些人在说话的时候，嘴里没有个把门的，想到什么就说什么，一不留神就说到了对方的禁忌、痛处，要么就是把调侃说成了人身攻击，惹对方生气就不奇怪了。

著名学者钱理群先生曾在一次讲座上说："人说话应该有底线，这些底线依次是：一、力图说真话；二、不能说真话则应保持沉默；三、无权保持沉默而不得不说假话时则不应伤害他人。但这些起码的标准并不是那么容易就能做到的。"

生活中有"社交五不谈"："不谈收入、年龄、婚姻、健康、人生经历。"初级交流这些尽量少问，除非别人主动和你说。还有就是特殊情况有特殊的禁忌，比如遇到孩子不要问成绩，等等，很多需要不断的总结；比如和女孩子谈话，就谈她感兴趣的，这样一个最好的结果是你可以少说，让她滔滔不绝地和你交流，也就避免言多必失的问题。

有人请教圣人："您最怕什么？"圣人指着舌头说："我最怕它。"说话懂分寸，清楚什么该说、什么不该说是一个成年人在社会里生存的最基本的能力，能够管好自己嘴巴的人，往往也能够在人际交往中游刃有余，带给别人可信赖之感。

唐贞观十二年，太宗在翠微宫中任命司农卿李纬为户部尚书，宰相房玄龄当时在京城留守。遇到有从京城来的人，太宗就问："房玄龄听到我任命李纬为户部尚书的消息后，有什么反应？"来人回答说："玄龄只说'李纬大好髭须'（李纬一把好胡子），没有说其他的。"唐太宗心中明白，重新改任李纬为洛州刺史。

房玄龄看似答非所问，唐太宗的做法也有点让人摸不着头脑，是怎么回事呢？

一、臣子不能轻易对皇上的决断妄加议论，虽然那是皇上想主动询问，但也总要给皇上留面子，所以房玄龄并未直言反对。

二、大家同朝为官，房玄龄又怎么能够直说某某难堪大任呢，这话说出来就是得罪人。所以房玄龄就不说太宗用人不当，也不说李纬能力不足，只说"李纬一把好胡子"这样一句无关痛痒的话，言外之意就是李纬虽然有某方面的长处，但是做户部尚书还不合适。唐太宗也是个聪明人，一听就懂了，于是改变了自己的决定。

说话之道的意义在于处在一个特殊环境下，有些真话你要敢说出来，但是又要用巧妙的方式说，说话不止是"说"，更要"收"，有些话不该说，到嘴边了也要咽下去，而有些话必须要说就能敢于冒着异样的眼光说出来。说话有底线、有分寸的人，才能赢得人们的尊重。

8. 多的是比钱更重要的东西

金星在金钱观上，是这样认为的："我不拒绝自己能挣的钱，但并不是每一个机会你都可以要，不是每一笔钱你都能赚。就算忽然碰上一个能赚上千万的机会，我也要先问自己为什么要做，这个理由是不是能说服自己，那才是最重要的考验。"

金星认为很多有才华的人在商业利益面前失去了自己的底线，为了满足金钱欲望而迎合一切谋利的机会，精神财富在物质财富面前溃不成军。金星认为当原来没有物质的时候，他还在做着自己应该做的事，他拥有的精神世界是最扎实的东西。当物质一膨胀，精神就没有了，一个一个都在金钱面前瓦解。

金星说："谁没穷过，关键是你的贪欲有多大，你的节制有多少，要随时反省自己，而不是拿'商业社会'做借口。当你只拥有精神、情感、理想的时候，那些东西很饱满，无形的饱满。而当有形的物质侵袭过来时，你反而把那些无形的饱满当做虚空，可有可无不要也罢，你怎么能忘了那些东西支撑了你多少时间，怎么能在下一次选择的当口就这么轻易地把它们抛弃。我不相信这样的人能走得远。"

克制对金钱的欲望让我们更好地把握生活，如果做了金钱的奴隶，金钱就真的成了万恶之源，还不如不拥有。对许多人来说，金钱不管拥有多少，总觉得还是不够，这就是过于贪婪了，贪婪就会导致人敛财越来越严重，甚至可以为了钱不择手段，这就是被金钱所支配，让财富蒙蔽了双眼，最后滑向深渊。

在社会上生存没有钱是不行的，但并不意味着金钱就是最重要的，一旦产生贪财的想法，它就会成为伤害我们的利刃。那么没钱时我们会因贫困而烦恼；有钱时又会因为担心失去财富而烦恼，并且陷入不断地获取财富的无底洞中。所以要认清财富的实质，知道财富的无常不定，而不是把它看成是永恒的；清楚财富在人生中的局限性，金钱很重要，但不是唯一的。

不要盲目追求金钱或者物质享受。殷纣王即位不久，命人为他琢一双象牙筷子。贤臣箕子说，"象牙筷子肯定不能配瓦器，要配犀角之碗，白玉之杯。玉杯肯定不能盛野菜粗粮，只能与山珍海味相配。吃了山珍海味就不肯再穿粗葛短衣，住茅草陋屋，而要衣锦绣，乘华车，住高楼。国内满足不了，就要到境外去搜求奇珍异宝。我不禁为他担心。"后来，果如箕子所料，纣王荒淫无度，导致了武王率兵讨伐他，最终自焚于鹿台。

俗话说"人心不足蛇吞象"，当妄念大到一定地步的时候就会控制我们，也就是被自己的妄念所支配，做出平时自己想都不敢想的事情。平西王吴三桂手握重兵，坐镇云南，清廷原本待他不错，可是日子久了吴三桂就做起了皇帝梦，继背叛明朝之后又背叛清朝，最终失败，留下千古骂名。

关于如何抛弃对金钱的欲望，老子曾经说过："甘其食，美其服，安其居，乐其俗。"所谓"知足者富"，学会惜福，学会知足，就不会贪得无厌，所以也就不会带来大祸，而不知足的人常常家中黄金万两仍然觉得贫穷，这与知足常乐者形成了鲜明的对比。

所谓"水能覆舟，亦能载舟"，财富同样如此。金钱本身并无所谓善恶之分，而是取决于它的实际用途。为富不仁者以它来作恶，慈悲众生者以它来行善，看不开的人做了金钱的奴隶，看得开的人将金钱用得恰当自如。

我们要学会把金钱看淡，一不"只向钱看"，二不"谈钱色变"，把钱当成世界万物中的普通一件就好，不为它忧愁焦虑，更不为它"做牛做马"，这世界上多的是比金钱重要的东西，更加值得我们去珍惜，要拒绝做金钱的奴隶。

9. 女人可以狠，但是不能毒

金星说，女人用心机为自己争取生活，一点错都没有，这不是毒辣，而是生存的方法。金星在自己的书里写道："我对我想要的肯定会想尽办法争取，这些小心机可以使女人更有味道，更具多面性。"随后金星又特别强调"狠"与"毒"的区别，她写道："心机必须有善良的底线。损人利己的心机是毒针，伤了别人，也把自己变成了蛇蝎。伤别人一时皮毛，却把自己送进内心阴暗的角落，得不偿失。生活奖赏的'心机'一定是善良、聪明、高水平的，它透露智慧、讨人喜欢。女人可以耍小聪明，可以狠，但绝对不能毒，这就是经营生活的底线。守住底线，生活才愿意给你更大的空间去发挥。"

在人际交往中，要有点善良的心机。做人不能太单纯，单纯本身不是错，但是社会关系复杂，要想在社会上立足，就要懂得保护自己，以防被人欺诈。我们会遇到很多需要动用心机的场景，比如一个不熟悉的同事来借钱，借还是不借，不借要如何拒绝；聚会中，如何避免受到众人冷落；有人托我们办事，该不该满口答应；职场竞争中，要不要锋芒毕露，还是应该把展现的机会留给别人……这些都是学问。

有心机的人会凡事给自己留余地，很多时候，不仅要给别人留有余地，还要给自己铺个台阶。如果不具备一点"心机"，做人就会陷入死胡同，既没有退路，也没有出路。各种承诺不要说得太绝，有些人话说得绝对，信誓旦旦，又嘴无遮掩，处处许诺，结果能做到的很少，泡汤的很多，往往吃力不讨好。

在选择朋友时，也可以有点心机，人生当中，免不了与他人合作，可以选择高能耐有前途的人，自己自然也沾光，如果胡乱选择合作伙伴，很容易导致最后的失败，得不偿失。有人会把这种行为称为"势利眼"，其实这就是一种选择的能力，明知道跟某人合作不会成功，为什么还要合作呢？有时候可以放下点面子做事，能更好地获得成功。

做人不用太老实，俗话说人善被人欺，马善被人骑，老实人的身上也有诸多这样那样的缺点，如性格太过耿直，不懂得迂回，因此常常费力不讨好，更容易得罪人；老实人还爱钻牛角尖，凡事认死理，无论大事小事，非要分出个子丑卯酉来，所以给人的印象难以合群；老实人喜欢退让，不善于主动去争取机会，只是被动地等候机遇从天而降……这些都有碍于老实人打开成功的人生局面。

做人圆滑一点未必就是坏事。时代在发展，过于老实在这个社会上不易立足。老实人不善于表现自己，而用心机为自己营造一个展示的机会，这是无可厚非的，老实人也不会用技巧和人际关系来处理各种事情，白白浪费掉自己的人脉和资源。

做事有心机的人明白"交浅而言深，亦为君子所忌，既为小人所薄"的道理，有一些天生就很热心肠的人，见到任何人都喜欢唠叨话家常，常常激动之时，便什么都脱口而出了。当你把那些原本属于你的珍贵情感或极富价值的信息，随意就送给了一个陌生人，反而会让人觉得你很轻浮，没有什么自制力。

在两个人交情不深之时，你的事就是你的事，别人并不会对此有多大的关心，甚至有可能会将你的隐私、重要机密给泄露出去，那么就得不偿失了。一个历经世故的人，绝对不会和初次见面的人就"畅所欲言"，这样的人不是狡猾、不诚实，这正是为人处世最基本的自我防护。说任何话时都要看看对方是不是真的值得你托付于心。这也就是所谓的"事无不可对人言"。还有一种交浅言深是指双方不熟悉的情况下，你主动去聊一些比较隐私或者秘密的话题。这样很容易冒犯别人，引起别人的反感，

涉世历久，人情世故经历得多了，自然就会产生心机，因此心机也是生活的浓缩和提炼。心机不是处心积虑害别人，而是小心翼翼保护自己。当然，也不能过分精明，《红楼梦》里的王熙凤做人可谓精明，依仗贾母的宠爱和自家背景，上欺下压、左右逢源。"机关算尽太聪明"，最后令众人生厌，郁郁而死。可见，做人不能不精明，但也不要精明过头。正如金星所说可以狠，但不能毒。

第九章

立场

1. 不消费他人的痛苦

2014年，金星在出席活动时，表示她最痛恨的便是选手讲述自己苦难的过往："我不太喜欢选手讲故事，我觉得这是《中国好舞蹈》，不是比谁最惨，要用舞蹈来打动观众。"在她看来，这也是目前中国普遍存在的一种现象——总爱去消费他人的痛苦。她还说："有个选手说自己和女朋友分手了，要在台上向前女友道歉，嘴里含着玫瑰花，我一看就不喜欢。"

金星非常懂得说话的分寸，她的"毒舌"从来不会建立在别人的痛苦之上，在舞蹈节目做嘉宾时，金星批评的是明星选手们的"玩票心理"，批评的是他们不认真的态度，她从来不会在上来一个身体有缺陷的选手时，用该选手的缺陷调侃，这就是金星的原则。

据说，日本人在开玩笑前，一般都有一个习惯，那就是要先打个招呼，然后才讲笑话，也许我们觉得这一点儿也不好笑，但是日本人却觉得这很重要，因为只有这样，对方才有心理准备，不会把玩笑和严肃的话题混淆，免得造成工作上的误会；如果玩笑和对方有关，打个招呼能避免伤害到对方。

开玩笑不是取笑，与人为善是幽默的最大原则。开玩笑是："你今天是不是把你姐姐的衣服穿来了？"取笑则是："你今天穿的衣服太'娘'了！"取笑别人常常带有强烈的攻击性，通过对别人的戏弄和挖苦来取乐，比如讲出别人的难堪事，这样的做法是情商不够的表现。

美国脱口秀会调侃总统、政策等等，但是有一些禁忌话题，比如性别、种族、宗教、性取向和残疾，不能轻易触碰，很容易激起矛盾。美国哥伦比亚广播公司旗下的纽约WFAN-AM电台"名嘴"唐·伊穆斯曾经在一次节目中用"粗犷女孩、身上有刺青"来形容在美国大学生篮球联赛中败北的拉特格斯大学女子篮球队队员，由于该队的队员大部分是黑人，伊穆斯的话引起轩然大波，最后CBS不得不辞退了他。美国另一电台节目主持人也曾因在节目中称前国务卿赖斯在"某种程度上是个了不起的黑奴"而遭到解职。

开玩笑也要注意场合。如在工作时间，尽量不要调侃，以免因注意力分散影响工作，甚至导致事故的发生；在长辈或者上司讲话的时候也不能调侃，这是一种对场合和对方的尊重。对方得到了尊重才有继续谈下去的可能，并且严肃的场合根本不适合调侃，说了并不是调节气氛，常常是破坏气氛，让人厌烦。

卡耐基曾经说过："一百次中有九十九次，没有人会责怪自己任何事，不论他错得多么离谱。我们用批评和指责的方式，并不能使别人产生永久的改变，反而会引起愤恨。不要责怪别人，要试着了解他们，试着明白他们为什么会那么做，这比批评更有益处，也更有意义得多。"

无缘无故地嘲讽别人这种做法很不恰当，还有一种情况是当两个人各执己见时，就可能在争辩中言辞越来越激烈，开始讥讽、揭老底，开始消费别人的痛苦。人人都爱惜自己的面子，过分的话无论是谁听了，心里都不会痛快。因此，要想让彼此之间的交往和沟通更加顺利，就要懂得学会顾及他人的面子。

孔子说："君子和而不同。"一个真君子既能够坚持自己的观点，同时也能够认真倾听他人的意见，理解和尊重他人的观点。人际关系是相互的，你尊重别人，别人也尊重你；你仇视别人，别人也不会喜欢你。如果你总是喜欢当面嘲讽他人，那么换来的会是更多的敌意和批评，而用理解和尊重的方式，才能换来更多的宽容和敬意。

无论在任何场合，语言粗俗都是第一大忌，粗话、脏话都会给人留下不好的印象，任何时候都要管住自己的嘴，不让这样的话语脱口而出，给人一个谈吐文明的形象。

在开玩笑之前，一定要秉承着与人为善的原则，这样你开出的玩笑才能带着真诚，而不是带些歧视、侮辱性的语言。捉弄别人绝不在开玩笑的范畴之内，是不可以随意乱做乱说的。高级的幽默从来不会消费别人的痛苦，而是用反差等技巧去展现智慧的幽默，从人与人的交往来说，取笑别人的穿着、家世、相貌都是一种非常不礼貌、没教养的行为。

2. 诚实比优秀重要

金星的人生里，她把诚实看得很重要，尤其是对自己诚实。她说："在我的生命中，我觉得我应该是女人。是一个很出色的女人，是一个很优秀的女人。在这个女人当中，包含了女人、情人、母亲、明星、演员等各种各样的角色。但这都不重要，我要对'金星'两个字诚实，对自己的生命诚实。而这种选择是在不影响他人、不破坏社会的情况下做出的。我认为这种选择应该值得尊重。"

金星认为，一个人只有遵从自己的内心，才能够驾驭自己的生活，她已经把这样的观念教育给自己的孩子了。金星讲过一个故事，北京奥运会的时候，金星的孩子正上二年级，回到家里告诉金星要写一篇作文，题目叫做《我的奥运梦想》。金星就问："你知道什么叫奥运会吗？"孩子回答说不知道，只是在电视上总能看见奥运，有五个环就是奥运会。金星又问："那你有梦想吗？"孩子回答没有梦想。金星告诉他："那你就写上：我的奥运梦想就是没有梦想。"

孩子说这样写肯定零分，金星说你有梦想就写梦想，没梦想就写没梦想。结果作文果然零分，老师还让孩子编一个梦想，金星说："儿子，我宁愿你得零分也不能编故事，没有梦想就是没有，让我跟你一起编，更不行！"

莎士比亚说过："对自己忠实，才不会对别人欺诈。"人要对自己诚实，这是做人的基本原则。现在太多的人忘记了从本心去寻找自己，总是迷失在纷繁复杂的生活里。比如一个人计划当月读完一本书，可是他天天在忙，把读书的时间挤掉，或者即便不忙，也要为自己安排一点其他娱乐项目，到了月底，那本书也只是草草翻了几页。这样就是对自己的不诚实，拓展到说话领域也是如此，一个人的口才即便再出色，但是他说的话若不是内心的真话，那就不会赢得别人的尊重。

金星说："你可以骗朋友，骗自己的丈夫，骗自己的父母，但你千万不能骗你自己。连自己都要欺骗的人生，是非常可悲的人生。"的确，一个人的诚实代表着他对人生的态度，哪怕有时候面对自己的缺点，也不能对此无视，欺骗自己和别人，只会使自己与现实情况不断错位。

崔永元2002年突然离开《实话实说》，过了一段时间后，他向人们公布了自己离开《实话实说》的原因。原来他是得了重度的抑郁症。在小品《小崔说事》在春节联欢晚会上播出后，崔永元患了抑郁症的事情更加广为人知。为此，崔永元说："开始，我并不知道这个小品是要拿我的病症当'包袱'，他们提的时候比较谨慎。我当时想，自己哪怕有一万个不愿意，该牺牲也得牺牲。因为我希望这个小品能给抑郁症患者们减少一份压力，并且证明抑郁症可以征服。"

很多人把自己心理或者精神上的疾病当做是个人最大的隐私，而崔永元却敢于把自己患抑郁症的消息公之于众。也有人好心劝崔永元："干吗说自己患抑郁症？会影响形象的。"而崔永元却表示："作为一个公众人物，讲出实话可以让患这种病的人不害怕，有信心康复，是一件很好的事啊！"事实上，在崔永元公布自己的病情后，不但没有使自己的形象受损，反而使观众对他更有好感。

真正诚实的人会把这种品质看得比什么都重要，所以人们也会乐于与这样的人交朋友。秦末有个叫季布的人，一向说话算数，信誉非常高，许多人都同他建立起了浓厚的友情。当时甚至流传着这样的谚语："得黄金百斤，不如得季布一诺。"这就是成语一诺千金的来历，后来季布得罪汉高祖，被悬赏捉拿，就有很多朋友来帮助他。

对自己诚实的人总能严格要求自己，从来不会得过且过，而是时刻督促自己把内心所想都完成，不让自己空留遗憾。这样的人往往能够在困顿的时候，依然保持向上的奋斗力，不会找个借口放松。

一个人永远都不能欺骗自己。可能人都是这样，你越是想证明自己的时候就越会失去自我。所以，坦坦荡荡地走自己的路，做自己想做的人，就足够了。诚实是一个人的基本准则，是我们应当坚守的原则。

3. 不故作高深，深入浅出才是本事

金星的脱口秀向来是直白的大实话，她只是把话语提炼得更加精彩了。在接受记者采访时，金星这样说过："大家一听就知道，哦，这个女人说的话是真的。我懂也好，我不懂也好，懵懂也好，都真实表达给大家，不故作高深，不站那儿卖弄和指点江山，我的设计感比其他主持人少，恰恰这种真实老少咸宜，粉丝从15岁起步，一直到80岁以上。所以，我的利器就是让大家看一个真实的人说话。"

生活里有一部分人说话中充满了"专业"气息，张口闭口都是普通人难以听懂的名词，常把简单几句话"伸长"来说，这在其他人看来就是故作高深。有些人可能认为说话通俗好像"土得掉渣"，其实不是的，语言通俗的意思不是说一些粗鄙的话，不故作高深，直截了当地表达观点才是最重要的。

钱钟书曾在《围城》里讽刺崇洋媚外的人，其中有一个人叫张吉民，喜欢别人叫他Jimmy，说话总是要"中西合璧"，汉语中夹杂着乱七八糟的英文单词，钱钟书说道："他说话里嵌的英文字，还比不得嘴里嵌的金牙，因为金牙不仅装点，尚可使用，只好比牙缝里嵌的肉屑，表示饭菜吃得好，此外全无用处。"

生活中常有些人喜欢在他人面前摆事实，讲道理，尽管他们是出于一番好心，可是因为口才欠缺，因此说出的道理常不能被他人理解。甚至有时候因为他们故作高深，反而让对方听上去觉得云里雾里。实际上，要想具体而生动地将道理讲出来，那么就应该学会"深入浅出"的说话方式。只有这样才能让道理听上去清晰明了，而且浅显易懂。

故作高深的人永远都被人讨厌，尤其现在的网络上特别爱调侃那些故作高深的人，用戏谑的方式来表达对故作高深的不满。有段日子网上流行"甄嬛体"，广大网民纷纷模仿电视剧《甄嬛传》的说话方式，于是就有了下面这个段子："这碎碎的一抹青翠，好似乱坠了嫔妾的眼，平摊于日下，甚是沁

人心脾。提神醒脑可是极好的！若忍心炙烤煎熬，蔫萎而焦灼，岂不是辜负了？""说人话！""煎饼果子别放葱花！"

这个网络段子好笑之余也在提醒着我们，说话的时候就不能故作高深、故弄玄虚，我们要尝试一些恰当、通俗的说话方式。事实上，不论我们用什么样的方式去阐述道理，要使人信服，关键就在于是否有精辟而深刻的论证和严密的推理，以及能否将一个抽象而深奥的道理深入浅出地表达出来。如果做到了这些，就能更有说服力，最终让自己的语言获得成功。

2011年7月23日的《非诚勿扰》节目中，第二个出场的男嘉宾是某咨询公司的首席咨询师。尽管他善于策划，号称是"父母双教授基因的后代"，并且在场上口若悬河，天花乱坠，但女嘉宾们就是不买账，全部灭了他的灯。

在他失败退场之前，孟非总结了他铩羽而归的主要原因是，说话隐晦曲折，喜欢用隐隐约约、转弯抹角的方式，"本来并不高级的事儿，喜欢用特别高级的词汇包裹在里面。"孟非还顺便总结了教师讲课的几个层次：最厉害的要算深入浅出；次一层的深入深出；再次一点浅入浅出；最低级别的是浅入深出。

林肯曾使用平凡朴素的说话方式，确立了良好的形象和风格，获得了惊人的成就。在林肯当总统前，有人问他有多少财产。人们期待的答案当然是多少万美元、多少亩田地，然而林肯却扳着手指这样回答："我有一位妻子和一个儿子，都是无价之宝。此外，也租了个办公室，室内有一张桌子、三把椅子，墙角还有一个大书架，书架上的书值得每人一读。我本人又高又瘦，脸蛋很长，不会发福。我实在没有什么可依靠的，唯一可靠的财产就是——你们！"就是这样简单的语言征服了大批民众的心。

一些大的道理，其实我们每个人都会讲，可是一旦说出来，就常常蹦出一长串的外国人名和看似很专业的词汇,好像用这样的"权威"就能征服对方，然而这样的表达方式往往更令人讨厌。

说话能深入浅出才是本事，用现在流行的话叫"接地气"，不用"高大上"的名词也可以把话说得清清楚楚，不用繁琐复杂的表达也能让人瞬间听明白，这种痛快利落的表达方式，是顺利沟通的保障。

4. 心直口快，但不侮辱人

金星接受媒体采访，记者问她："'忠言逆耳''良药苦口'这些词在你口中说过很多次，会不会有人说你刻薄？"金星回答说："哎呦，这些人太脆弱了，命太薄，撑不起任何东西，那没办法。我心直口快，但没侮辱任何人。"

记者又问金星和被她批评的演员是否会有联系，金星说："我就事论事，这些演员跟我不熟也不认识，没有任何瓜葛，名字我都忘了，我没看过她电影，她可能也没看过我跳舞，节目上萍水相逢，之后都过自己日子，八竿子打不着。"

说话心直口快的人大都真诚实在，是值得交往的，但是心直口快也就代表着说话不过脑子，一些话说出来虽然本无恶意，但是在听者看来就受到了侮辱。说话不经过大脑，随便对人评头论足，随便发表盲目的见解，这不是心直口快，而是情商不够。

有些心直口快表现为会直言提醒别人的缺点和毛病，比如，某人说错一句话，你就直言提醒："哎你说错了。"在大庭广众之下这种话丝毫不给别人留面子，尽管他确实是错了，但是每个人都需要面子的，即便是提醒也要委婉些，所谓忠言逆耳，换位思考一下，如果一个人在我们面前常常纠错，是不是也会受不了他。

说话心直口快、口不择言的人，往往在给他人带来伤害的同时，自己也深受其害。因为一针见血地指出别人的缺点，他人可能马上会恼羞成怒，错把爱心当作恶意来对待，要么敬而远之，要么置之不理。所以在说话时千万别太鲁莽，否则会伤人伤己。如果自己不能及时反思醒悟，其后果会让你品尝什么是凄凉。

所谓心直口快，心直从来都是优点，心直是君子之心，以诚待人；但是口快则是缺点。随意指出别人的缺点、开别人的玩笑、调侃别人等做法，是不理解别人的感受，也不顾别人的心情，只"想说就说"，虽然出发点是好的，但因说话不注意方式方法，往往所说的话，让别人听起来非常刺耳，感觉很不舒服，结果往往得不偿失。就算你说的是诚心之语，因场合和时间的不同，说出来也会刺耳和伤人，即便是好朋友之间也很容易出现尴尬。

第二次世界大战期间，美国的约瑟夫将军奉命执行一次危险而紧急的任务，很可能有去无回，约瑟夫将军就让自己手下士兵站成一排，他看了士兵们一眼，说道："这次，我们的任务既艰巨又危险！哪位愿意冒险担任这项任务，请向前走两步……"

此时，正赶上约瑟夫的参谋给他拿了一份战报，约瑟夫看了片刻，等他再次抬头时，发现长长的队伍仍是一条直线，没有一个人比旁边的人多向前两步。

约瑟夫将军非常生气，他觉得自己的手下怎么这么不争气："养兵千日，用兵一时，现在情况紧急，竟然一个人都没有……"

"报告司令！"只见站在最前排的人满脸委屈地说道，"我们每个人都向前跨了两步……"

这时，约瑟夫将军意识到，自己错怪了这队勇敢的士兵。

心直口快的人总是喜欢打断别人。不轻易打断别人——往小了说这是懂礼貌，往大了说这是尊重。有一些人性子太急，觉得自己领悟能力超强而且时间宝贵，往往不等别人把话说完就中途插嘴，这种急躁的态度给对方一种不尊重之感，而且往往会因为错判对方的想法而造成严重的失误。

英国哲学家培根曾说过："打断别人，乱插话的人，甚至比发言冗长者更令人生厌。"我们每个人都会有情不自禁地想表达自己的时候，但假若不去了解别人的感受，不分场合与时机，就去贸然插话或抢接别人的话头，这样往往会扰乱对方的思路，引起对方的不快，有时甚至会产生不必要的误会。

别人要讲话的时候，一定有他的理由和逻辑，我们有必要让他讲完，否则不分青红皂白就下结论，是极为不好的行为，特别是当我们对于某件事情自以为清楚，实际上并不清楚的时候，即便对方是长篇大论也应该富有耐心。心直口快不是随意插嘴的理由。

美国有一位著名律师叫大卫，大卫擅长口才，在一次晚会中通过朋友结识了几个人,他们在一块畅谈了一整晚,有人好奇就问大卫:"是你口才出众,使他们被你折服了吗?"大卫摇摇头说:"我一直没有讲什么,我让他们讲自己的故事,无论讲什么我都耐心地倾听,我们交谈得很愉快。"

听别人把话说完,哪怕并不赞成对方的意见,体现的是一种风度,是一种理解和宽容,更重要的是只有把话听完,我们才知道对方的真实意图。随便接话的人是很不明智的,甚至会因此失去一次沟通机会。

嘴永远都不能比脑子快,不顾他人和周边而心直口快,只顾自己表达意见,忽略其他人的想法和感受,是一种很不好的说话方式。

5. 不被别人的价值观"绑架"

金星在节目里讲过儿子上学的事情，她说："大儿子上幼儿园大班时，园长亲自对我说：'金老师，你该给他补补课了。'我说：'补什么课？''补拼音啦等等，补什么都可以，要不上小学跟不上。'"

金星刚开始不信，但很快就知道自己错了，儿子第一天上一年级回来，就跟金星说："妈妈，怎么回事？这边叫 b p m f，那边叫 a b c d，我该读哪个音？"金星说："把 a b c d 扔掉，先给我念 b p m f。"随后她去找老师谈，金星说能不能三年级以后再教英文，现在教拼音，老师说人家孩子在幼儿园的时候就学拼音了，你的孩子当时怎么不学？

金星说幼儿园就应该让孩子玩，老师还说金星儿子已经输在起跑线上了，把金星气得够呛，说："凭什么不让孩子玩？逼着学 b p m f，不知道谁定的规矩，我真想抽死他。"金星儿子的英文水平不用担心，毕竟金星精通四种语言，此事的意义在于金星能坚持自己的观点，她不会活在别人的价值观里，对事物永远有自己清晰的判断，她不会跟随别人的想法，更不会轻易动摇自己的原则。

李开复在《给中国学生的第五封信》中提到了关于主见的话题：许多同学有很强的"从众"心态，自己有想法不表达，时间久了甚至都不清楚自己的想法是什么了。他们每次都会习惯性地先问别人："你怎么想？"而从不会问问自己："我怎么看？"

李开复表示："每一件小事都要表达出自己的意见，就算你不是很在乎。例如，自己决定在餐馆点什么菜，自己决定自己的衣着打扮，周末时自己决定要去哪里玩，等等。你应该学会对自己的生活做出合理的安排，而不是'别人怎样我就怎样'，让'无所谓'这个词从你的词汇里消失。当你认为必须说 No 的时候，千万不要说 Yes。"

央视曾流行过问答节目，主持人在选手选择答案后常会这样说："你确定？真的想好了吗？确定了就不能更改了，你要不要再好好想想？"常有选手被主持人一说就动摇了，换了答案，结果第一次选择的答案才是正确的。这样就增加了节目的趣味性，但是也给人一些启示，就是当你面对一件事情时，是否能够自己产生见解，并且不受任何人影响，这对于一个人是否能够成功非常关键。

生活里常会有遭到质疑的情况出现，或者我们要做些什么事情，就会有人来指指点点，告诉我们应该"这样""那样"，如果因此犹豫不决，那么就永远不会前进了。一个有原则的人会坚持自己的价值观，这种敢于挑战质疑的人才会有气场。当年有无数人告诉伽利略亚里士多德的理论："越重的物体下落越快"，但是伽利略坚持自己拿着两个铁球站在了比萨斜塔上，推翻了这条两千年的"真理"。他若不懂质疑，又怎么会发现其中的错误呢？如果他像其他人一样，听到一个观点就欣然接受，那么伽利略也就成不了科学家了。

这世界上有很多的所谓"真理""经验"，这些条条框框有些正确有些错误，需要我们自己去判断，更重要的是敢于与之对抗，如果一件事情不合乎我们心中的原则，那还有必要进行下去吗？当然不能，不随波逐流地坚持自己的价值观，这样的人才能做出力排众议的事，才能有"虽千万人吾往矣"的气魄。

6. 我没做亏心事，不编谎，也不花钱

金星收养的三个孩子办户口是一个很艰难的问题，曾经让金星着急上火，只给办了一个孤儿的户口，另外两个孩子办不上，为此金星和丈夫汉斯"离婚"，也不敢"复婚"，怕复婚后又出现收养方面的麻烦，这些事金星一直寻找着解决的办法。

民政局让金星编故事，金星说自己没法编故事啊，就是收养了一个孩子，别人知道她了，就在她家门口扔了一个弃婴，金星就又收养一个，这孩子就没有出生证。金星表示人家告诉她不编故事也行，要拿二十万。

金星说："我不花钱，我说我没做亏心事我凭什么花这个钱啊，我就坚持我就不花钱，我到现在不花钱不屈服，我看我能坚持到什么份上，他们让我编故事，我说不能编，我就收养了这两个弃婴。"

金星表示自己没做亏心事，不会编谎话说自己的孩子怎么来的，更不会花这个冤枉钱。收养孩子的经历，让金星想到自己算是个名人解决起来都没有办法，普通老百姓真是求助无门了，所以她要替老百姓说话，因为她经历过这些难为人的状况。

古波斯诗人萨迪曾经说过这样一句话："讲假话犹如用刀伤人，尽管伤口可以治愈，但伤疤将永远不会消失。"诚实往往会使我们内心坦然，而说谎与欺瞒，则会让我们的心境处在忐忑不安、时刻紧张的状态中。因此，就算要付出某些小小的代价，做人还是诚实些好。

微软公司首席执行官史蒂夫·鲍尔默认为，如果一个经理人经常说空话，每次说出来的都只是一些理论，就不可能得到员工的尊重。在日常生活中，人们喜欢和一个实事求是的人打交道，也只有这样的人，才能赢得人们的信任，从他们嘴里说出来的话，可以当作自己做事的参考。相反，一个哗众取宠、爱说大话的人，在别人的心中是不会有多大地位的。别人不会在乎他的看法，最多在生活乏味的时候，拿他的话来聊以解闷。

窦文涛也是一个主张不说假话的人,不仅现实中自己不说假话,他所主持的电视节目《锵锵三人行》也不说假话。窦文涛说:"节目一直在不停地发展演变,我庆幸并骄傲自己保留了最初的真实,早年我发过誓,绝不在节目中说假话——脱口秀节目就是靠'真'打动观众,换句话说,我这个饭碗卖的就是真。我永远守着自己的誓言。"有期节目要谈论一个地方的反面案例。这个地方政府托人四处活动,希望在节目中有所改动。窦文涛说:"做这期节目,很多人花费了心血,台里可以选择不播,但我绝对不主持撒谎的节目来欺骗观众。"谈话节目众多,《锵锵三人行》能一直长盛不衰,就在于不说假话。

著名哲学家康德曾说:"诚实比一切智谋更好,而且它是智谋的基本条件。"徐悲鸿经常到字画店搜集古今优秀的字画,遇上他所喜爱的,就会情不自禁地说:"这是一张好画!""这是难得的精品!"等等,直说得站在旁边的画商眉开眼笑,本来没有打算要高价的,现在却向徐悲鸿提出了高价。而徐悲鸿一旦看中,便不再计较价钱,非买不可。他的妻子廖静文有时埋怨他说:"你何必在画商面前表示你那样喜爱这张画呢?你总是让人家看出你非买不可,结果你原可以少出一些钱就能买到的画,也被人家要了高价。"徐悲鸿笑着说:"明明是好画,让我故意说不好,这样的假话,我实在是说不来也不想说。"这话后来传到了那位画商耳中,画商深为徐悲鸿的诚实所折服,以后再也没有乱开过价,而且有好画都会及时联系徐悲鸿。

就像季羡林老人说的,真话不全说,假话全不讲。简单来说就是张口就保证自己所说毫无虚假内容,在特定环境下,如果只能"假着说",那么就选择不说,不要让自己的每一句话都昧着自己的良心,要让自己的每一句话都能赢得别人的信任是要靠实际行动来证明的,生活里需要讲真话的人,也需要从不说假话的这种人,这种人往往很能让人信服,因为他们一直保持着做人的原则,不会编瞎话,更不会做亏心事,该是什么就是什么,这样的人是值得信任的人。

7. 金星：没上学做了脱口秀，这是社会给我的责任

当金星与一个以她名字命名的脱口秀碰撞在一起的时候，这档节目便成了周三档电视荧屏的后起之秀。《金星秀》自开播以来，收视率居周三晚间综艺节目之首，话题反响热烈。

电视会不会成为金星的新领域？金星回答道："谁知道呢？如果有条件占据一席之地，能说话，为什么不能出淤泥而不染呢？生活自然把你推到这里是有道理的。多少小明星广电大学毕业，一辈子就想主持一档节目，我一天学没上，就做了个脱口秀，这是社会给我的责任，我要承担这个责任。"

脱口秀有一份社会责任，如同小品、相声等艺术形式的讽刺调侃、针砭时弊一样，在一定程度上，金星承担着"意见领袖"的角色。《金星秀》在社会性话题的传播上彰显责任感。比如，"金星关注自闭症儿童""流浪狗问题"等等。她曾在节目中提到自闭症孩子的故事，对社会上忽视自闭症的现状进行了呼吁。此事很快就被凤凰网等媒体报道，引起更多关注。

在《金星秀》中请来的嘉宾，金星不会过多与他们谈论过去的经历，她更在意明星们对某件事情的看法，与之进行讨论。《金星秀》中还有一个环节是"有话问金姐"，这是收集网友提问，然后进行麻辣互动。如"吓人的粉丝""真人秀作假""剩女怎么办"这些社会热点问题，金星都做出过点评。

金星会选择一个谈话的主题来进行脱口秀表演，每一期都不一样。例如，健身、婚礼、高考等主题，都与生活息息相关。有一期节目中，一位刚结婚的新娘给金星留言说自己幼年时被老师性侵过，心中一直有阴影，问该不该跟老公说这件事。金星首先痛斥了最近发生在很多校园的案件，然后又转而去安慰这位女士说，一个人的伤疤最好不要成为两个人的心结，把过去说给金星姐后就可以开始新的生活了。

"花钱来挨骂"，是一个在上海剧场听金星脱口秀的人笑着说出来的。为什么大家来金星脱口秀现场找挨骂？因为金星敢讲真话，她讽刺不良现象，

让人听了会下定决心改变错误的做法。这就是脱口秀的意义，现实生活里有人直接指出你的问题，你可能面子上"挂不住"，跟人争辩甚至愤怒离去，但是听脱口秀你会大笑，笑过后反应过来了："这不就是说我吗，看来这种可笑的行为要改一改了。"

有很多喜欢看金星节目的年轻人向她提问，大龄青年找不到真爱该怎么办，金星笑道：姐姐我带着三个大拖油瓶，身后还背了一个那么大的秘密，这不也找到了自己的真爱？

俗话说："关键时刻见真章。"举几个例子，鲁迅先生成为"民族魂"是因为他用笔批判了万恶的旧社会和帝国主义，每个字都是他的呐喊；马丁·路德·金的演讲到今天都让人听得热泪盈眶，是因为他为千万黑人发声，并献出了生命；鲍勃·迪伦成为美国最伟大的摇滚歌手之一，是因为他的作品饱含对年轻人的关怀，对战争、人性的思考。

台湾地区著名漫画家朱德庸，代表作为《双响炮》《涩女郎》《绝对小孩》等，在两岸三地影响极大。

朱德庸的作品，用幽默的方式看待婚姻、爱情、社会等等方面的问题，拿《绝对小孩》来说，就是用小孩的视角，展现他们的内心，描绘成人的世界，通过社会各阶层人的视角，从一件小事，映射出发人深省的哲理。

朱德庸的新作《大家都有病》则更加严厉一些，朱德庸说："过多的情绪、过少的感觉、过大的物质需求、过小的精神领域，这些造成了我们这个时代的复杂……渐渐忘记了自己简单的梦、简单的生活方式和简单的爱情……"作品中描绘了各种各样的新式疾病："爱情恐惧病""功名病""爱钱病""心碎病""分手病""婚姻惊吓病"等等。朱德庸希望借漫画让大家找回曾经最真挚的情感。

诙谐可以，但是不能丢掉一种责任，尤其当我们能够站在更高的平台上发声，能够让更多人听到我们的声音时，更要把肩负的责任传达出去。

8. 永远把家庭放在第一位

2016年7月19日，金星发了一条微博，配图是一瓶果汁，上面贴着"老婆辛苦了"字样，金星写道："回家看到这个，呵呵，狡猾的德国人……"网友们纷纷评论：没想到一向泼辣的金星也秀起了恩爱。

汉斯是一个细心的人，他天天记录孩子们的精彩语录，有一天大儿子嘟嘟的一句话让金星夫妇特别感动。嘟嘟看到神笔马良的故事，他问汉斯如果有神笔想要什么东西，汉斯说，要画很多玩具给小朋友，嘟嘟说："我要把死去的小朋友都画回来，他们的爸爸妈妈就不难受了。"因为前两天嘟嘟刚刚在电视上看到被拐儿童父母痛哭的新闻。一席话，说得金星和汉斯眼眶湿润。

金星是个思想传统的女人，可能是这些年来她的经历之坎坷，让她特别珍重自己目前做妻子、母亲的身份，她为了这两个身份付出了太多太多的艰辛。或许是这样幸福的家庭生活来之不易，金星对家庭是格外的珍惜，她也为自己的家人感到格外的自豪。

金星说，在做电视节目之前，她的生活比例60%是家庭、40%是舞蹈。做节目后，40%是家庭、30%是舞蹈、30%才是电视。家庭在她心中永远是第一位的。金星多次对记者介绍说："我的生活节奏是以个人为中心的，如果要我飞到很远很远的地方，抛家舍业去录这么一个节目，我才不会去呢，我很自私的，我顾小家要超过顾大家。在家门口做这件事又不改变我的日程，那就做了，很实际，特别实际。"

几乎每个采访金星的记者都会说："台上的金星和台下的金星太不一样了，而且她总会说起自己的孩子。"在最忙碌的时候，金星也会突然停下来，"等会儿啊，我打个电话给孩子们叫个外卖。他们待会儿该饿了"。

金星感激，"我以前想都不敢想，现在全给我了，名义上是我收养孩子，其实是老天给我的礼物。"从那时起，金星把舞蹈、自由等等都抛在脑后，全都要让位于孩子，金星再也没深夜才回家，开始像个母亲一样，每天尽量回家吃饭，周末陪老公孩子过，也会打着伞去学校接孩子放学。

金星的女儿妮妮从小就在北京和姥姥一起生活，说话一口京腔，性格也像北京小姑娘，回上海她会纠正其他两个孩子的普通话，金星很兴奋地介绍女儿说："我妈是朝鲜族女人，把女儿调教得跟小长今似的，7岁的妮妮现在会织平针毛衣、会包饺子、会刷碗，回到上海帮我照顾哥哥弟弟。"

金星夫妇教育孩子什么事情都不要抢，但他们从不担心孩子没有竞争力，金星说："这三个孩子从小跟我到世界各地，嘟嘟五岁就跟着爸爸到香格里拉爬上4000多米的玉龙雪山。有一次我带他们去听音乐会，儿子问我下半场有几个曲子，我说一个，一个乐章演奏完了，他看看我说：'妈妈，你骗我'。我说：'没有啊，一个曲子5个乐章啊'。"

金星也会像普通的妈妈一样打孩子，但不是因为孩子学习方面的问题，而是因为孩子撒谎。金星说自己的家庭跟所有人的家庭一样，很温馨很普通。

这个世界上有两个金星，一个属于舞台，用舞蹈展现艺术的魅力；一个属于生活，有自己的家庭，有自己的喜怒哀乐。她是一个活得很透、看得很开的智慧女人，在生活中摸爬滚打，把所有荆棘坎坷都淡然抛开，搂住她想要的一份真实和美好，安详平静。尽管她在别人眼中是一段传奇，她自己却丝毫不以为意。

家庭才是生活，无论哪个光芒万丈的人都要归于平淡的生活，金星是一个活"明白"了的女人，是人生的诸多波折让她看懂了生活的真相，大部分人活不到金星那样精彩，但是在平淡的生活里，也可以和金星一样，享受生活的幸福。

第十章

本色

1. 我自己知道我是谁，这是最重要的

金星难得的地方在于，她火遍网络，但却始终保持着头脑清醒，她始终保持着原来的作息和生活态度，在舞蹈团、家庭、电视节目中来回周转，不会因为爆红而洋洋得意，也不会忘乎所以。

在更深层次的认识自己的问题上，金星看得更加清楚。她说："那天有人在微博上留言说，您是男生还是女生，我在微博上只回了四个字，我说'我是人生'。无所谓，你随便对位，你把我看成男人是你的问题，你认为我是女人也是你的问题，我自己知道我是谁，这个是最重要的。"

西方有三大终极哲学问题："我是谁""我从哪来""要到哪去"，知道自己是谁是很重要的，很多人在身份和地位发生变化后，连说的话都变了，逐渐丢掉了自己的本色。美剧《纸牌屋》中有这样一句话："接近权力让一些人错以为拥有权力。"很多人容易"飘飘然"，甚至忘乎所以，做事、说话变得让人不熟悉了，所以才会有这样一句"你都忘了你是谁"的话。

在古希腊戴勒菲的阿波罗神庙前殿的墙上刻有一句"神谕"："认识你自己。"季羡林大师在自己老年"座右铭"中，把古诗"老骥伏枥，志在千里"，改为"志在十里"，并解释说："我现在不能走路，活动全靠轮椅，不能瞎吹。"这不仅仅体现了季老的幽默，还体现出他十分看得清自己。

不知道自己"几斤几两"会影响我们做事情的判断，然后导致失败。若不能有自知之明，我们可能会太高估了自己，总认为自己什么都行，什么都能拿得下，总将他人看作是傻瓜一个，太小瞧了他人；或是太小瞧了自己，认为自己什么都不是，什么都不会，什么都不行。

所以自知之明对于一个人尤为重要，判断、行事、为人等等都需要对自己有一个高度的认识才能成功。《太平广记》中记载了这样两则故事：一位监察御史文笔不行却爱好写文章，人家奉承他两句，他就拿出一部分钱财请客。监察御史的夫人劝他说：你并不擅长文笔，一定是那些同事在拿你寻开心。

这位老兄想想好像是这么回事，不管别人怎么说，再也不肯出钱请客了。生活里，如此被人提醒多么尴尬，若没有人提醒，时间久了，还真的以为自己是大文豪了。

每个人都有长处、短处，我们要运用自知之明来清楚地看到自己的长处在哪，短处又在哪，在受到别人追捧和万千宠爱的时候，能够头脑清醒，仍看到自己的不足之处，才能够更有利地发挥我们的才能。

《三国演义》里蒋干盗书，蒋干自以为与周瑜交情深，自以为聪明绝顶，结果中了周瑜的计，被耍得团团转，替赤壁的大火添加了燃料。春秋战国时期，邹忌被人三番五次吹捧美貌，最后他经过反省得知自己并不犹人所说，最后上谏齐王，使齐国强大。这两个相反的例子让我们看到为什么要讲人"贵"有自知之明了。

过分抬高自己的能力，就有可能去做自不量力的事情，最终导致一败涂地的下场。在众人的吹捧中，在节节高升的地位中，很多人就迷失了自己，也觉得自己真的特别厉害，便去做更多无法做到的事，说些高谈阔论，最后都变成吹牛了。

不把自己看轻，也不把自己看得过高，知道自己几斤几两，能够让我们找准自己的定位。冰心曾写下过这样的诗句："墙角的花，当你孤芳自赏时，天地便小了。"有些人有了点成就便喜欢时时刻刻欣赏自己的功绩，而且越看越觉得自己厉害，仿佛这个世界没有了他便会崩塌一样。所以看清自己，把自己定位准确，才能保持一个平和的心态。

2. 生活态度：不被动地活

金星在美国求学，为了生存在皮包店当过售货员，给别人当过保姆，批发过运动服，在餐厅里洗过盘子……这些她都做过，练舞蹈遭遇挨打受罚，生活饥寒交迫，背井离乡到纽约、欧洲，做变性手术后一度半身不遂，还要遭人误解和羞辱，这些事情金星都完完整整经历过。

金星说："自从十九岁那年被国家派到美国去学现代舞起，我就树立了一种生活态度：不被动地活。从十九岁到现在做的每一件事，无论错误正确，成功与否，我都买单了，金星就是金星。"

被动生活是永远被推着走，从来不自己争取。工资低却不思进取，不拼命工作；对身材不满意却不愿意健身；羡慕别人妙语连珠却不想看书学习……梦想太遥远但不肯走出第一步，是因为打心底认为实现梦想太艰难，便安于现状、逆来顺受。生活需要主动，天上不会掉馅饼，机遇也不会光顾无所事事的人。

一味地等待，就永远不会到达终点。著名主持人白岩松大学毕业面临实习，他开始面试很多单位，又打算去广州，车票都买好了，他不死心地去了中央人民广播电台面试，稀里糊涂地回答了很多问题，结果正是这一下午的谈话改变了命运。他来到广播电影电视部大楼报道，正满心期待着成为其中的一员，没想到听到他介绍后，对方说了一句："你就是白岩松？"白岩松点头，那人说："那你赶紧去广电部干部司去一趟。"

到了那里白岩松被告知他的档案被退回到北京广播学院，不打算要他了！白岩松感觉如五雷轰顶，他赶紧跑到老师那里了解情况，原来是有几封匿名信造谣举报了他。白岩松头脑空白地在圆明园划了一下午船，最后想明白了："不管怎样，最后在头脑中明白一点，前路的大门还没最后关死，即使只有一线光亮，我也要去争取。"

距离报名截止还有不到5天的时间，白岩松开始整理各种证明材料，开始寻找证，他每天都把有关的材料送到广电部，路途非常远，骑着自行车来回要五十多公里，每天只能吃上一顿饭。最终在报名截止的最后一个下午，获得了去实习的机会。

一个人永远都不要守株待兔，寓言故事里那个人选择一动不动地蹲在树桩旁边等待兔子撞死，结果一无所获。生活里也是如此，天上不会掉馅饼，也不会有兔子一头撞死在树桩上，一切事情都需要靠我们自己去争取，甚至去拼，不主动争取永远都不会得到我们想要的。

被动生活的人，往往只是梦想家。面对别人的成功，只能发出羡慕的叹息，这类人往往认为凭借自己的能力是无法改变很多事情的，比如无法实现梦想，于是就放弃了对梦想的追逐。其实他们不知道的是，任何伟大的成功，都只是做出来的结果。你不做，什么机会都没有。成功不仅仅靠机遇，最关键的是富有坚持的行动。只有不断行动，你才能发现和捕捉良机。主动生活的人，最大的特点，就是他们的主动性。

在竞争激烈的社会里，没有人有资格偷懒，必须主动出击，全力以赴才能创造可能。大部分人习惯于"临渊羡鱼"，却没有"退而结网"的勇气，我们要想到，即便只有1%的可能，只要去做就还有机会，可是你不做就永远都不会成功。

一个有气场的人从来不会坐以待毙，金星面对自己性别的选择，她很主动，遭遇争议与压力，但是她现在成了很多人喜爱的"金姐"；金星成立舞蹈团，人家告诉她绝不可能成功，但是金星舞蹈团现在享誉国内外；金星主动踏上电视节目，把自己的口才展示出来，风靡于网络。

人生永远都是自己的，你选择什么样它就什么样，你选择被动，就听天由命，按时上下班、结婚生子，永远是定量的工资，永远是固定的早餐；你选择主动，会遭遇阻力和风波，但是拥有无限可能，没有人可以否定这样的人生。

3. "对真实的坚持会成为我的保护伞"

随着电视节目的热播,金星开始越来越知名,开始有很多人说"金星红了",甚至还说金星"很快就要变了",金星听到这话微微一笑,她回应道:"我还是我!这是我心里的声音。我知道人们喜欢我,不是因为那层光环,而是因为我说的话实在、有用,我做的事靠谱、磊落。人们喜欢我,是因为我是一个真实的女人。"

金星在接受媒体采访的时候,说过这样一段话:"名利是一把双刃剑。在你还默默无闻的时候这把剑顶着你往上走,可当你到了高处无法再剥离这层光环时,这剑就会掀开你心里邪恶的东西。欲望迅速膨胀,自我的内核却越来越弱。我看得太多,很多所谓的名女人都是'国际物流',背后就拖着几大箱集装箱,里面什么都没有,就是'装'着。她们被抬得很高,可是经不起晃。我只想踏踏实实地走,对真实的坚持会成为我的保护伞。"

《南都娱乐》:有一个网友评论说他觉得在节目里你太真了,什么东西都掏了说,这其实对你来说是不安全的,怎么看他这观点?

金星:真实和真诚是我的价值所在,我连这个都不拿出来,还干嘛啊?为什么很多人喜欢《金星秀》,因为很多是结合我看到的、我经历的,然后我有感而发,这是金星的特点。

《南都娱乐》:比方说太过直白,太坦诚曝光自己,会引来一些不好的非议。

金星:还好吧,金星足够强大。如果没那么强大的内心,我也不会站在公众面前,我太清楚自己能干什么,不能干什么。

上海的滑稽名家王汝刚也看金星的脱口秀。他觉得金星的有趣,在于把舞台上遗失很久的"讽刺"这招用足了,她说东西,不带恶意,不带情绪,就是一个有艺术修养的东北女人在看世界。

金星坚持真实,就是在坚持本色。金星在自己的书《掷地有声》里写道:"社会会把很多不是你的东西往你身上套,你要解开、放下,保持单纯继续走;

当你准备好了的时候，选择、穿上，依然保持单纯继续走。"她管自己叫"两手空空，内心丰满"，无论年少时贫穷刻苦，还是成名后名利双收，金星永远是一个心态，那就是该什么样就什么样。

对真实的坚持，在于不虚伪。如不真实，人很可能扭曲。凤姐是《红楼梦》中个性十分鲜明的典型人物，她的性格特征是："嘴甜心苦、两面三刀，上头一脸笑，脚下使绊子，明是一盆火，暗是一把刀。"如此"多面"的凤姐最后并没有落得好的评价，遭遇多人落井下石，"机关算尽太聪明，反误了卿卿性命"。

做最真实的自己，还在于不做作。有些人行为举止非常奇怪，给人一种蒙上面纱看不透的感觉，这样误自然让人"敬而远之"。凡事自然一点，该是怎么样就怎么样，这样活得才自在。有人说这是一个戴着面具的社会，每个人每天都要转换不同的面具，结果就造成了心灵不堪重负，苦不堪言。确实如此，带着重重面具做人能不累吗？

孟子讲过一个很经典的寓言故事，他说齐人有一妻一妾，这个人每次出门回来都吃得饱饱的，跟妻子说自己经常跟一些有权有势的人喝酒吃肉，妻子和妾很是怀疑，有一天早上便偷偷跟着他出去，最后跟着丈夫走到了东郊的墓地，丈夫向祭祀扫墓的人要祭品吃，不够吃就去乞讨。

黄渤的出色作品屡现大银幕，越来越受到观众的追捧，有一个统计，从《疯狂的石头》算起，黄渤主演的电影总票房达到了50亿元以上，被誉为"50亿帝"，记者谈起这个话题时，黄渤很清醒地说："对我来说，只是电影里面的参与者，有很多片子我不是主演，是大家愿意把这个数字归结到我的头上。我不能那么厚颜无耻地说，这些数字都是我带来的，只是我比较幸运，能碰到一些好的合作伙伴，观众认可就好。我们现在是一个大数据的年代，大家喜欢讲数字，数字好像已经成为一部电影好坏的标准，我觉得不太对。"

黄渤越来越大牌，但是其脾气、内心一直是原来的黄渤，演好每一部戏，非正式场合穿着打扮也可就着舒适来，一直保持着真实的低调亲民。黄渤录制《极限挑战》时，一个小女孩送给了他一只兔子玩偶，并说这个玩偶跟着自己很久了，现在送给黄渤，希望他一切顺利，然后黄渤就带着这只兔子玩偶录制了接下来好几期《极限挑战》，一直带在身边。宁浩也评价黄渤道："我觉得他身上有难得的真实，其实这在演艺行业还挺少见的，他有一种与生活、与现实特别有关的东西。"

人生难得的是在身份和地位发生变化后依然保持真我，这种高贵的品质能够影响到生活里的方方面面。

4. 活就活得洒脱

金星在接受记者采访的时候，谈到了关于生活态度的问题，记者赞扬金星一直活得很潇洒，金星却说："你觉得是潇洒，我觉得是自然，潇洒幸福都是看别人评价，我自己该怎么活怎么活。"

记者又问："你说过好多次'活明白'，你活明白了吗？"

金星说："不能说完全明白，也百分之七八十了吧，24岁之前我也彷徨、犹豫，但是第二个本命年就开窍了，而且随着年纪增长，我越来越自信。"

如今社会压力大，有太多的"怎么办"困扰着人们，有趣的是这些"怎么办"不是当下的问题，而是将来，将来买不起房怎么办，将来工作不稳定怎么办，将来突然大病一场怎么办……这些"怎么办"全都是无中生有的焦虑。

面对这种焦虑，很多人会坐立不安，口干舌燥，甚至会有人想着逃避。比如某人对下周的演讲极为紧张，就开始每天幻想出现一场"变故"，这样演讲会就可以取消，以此来减轻心中的压力，至少在想象的时间内他感到了些许宽慰。不过，这个方法只能用来做暂时的"心理麻醉"，无法解决根本问题。

关键在于你的心态要调整过来，心态调整不过来就会越来越焦虑，直到使生活崩溃。建立一个"兵来将挡水来土掩"的放松心态，对未来保持乐观，才是愉悦生活的基础。活得自然才洒脱，说的话会很成熟淡定，这才是自信的人生应该表现出来的，让自己的生活不被外界所困扰，自然带来洒脱，不过于焦虑，保持一种淡定的平和。

不洒脱的人对细微的事情反应过于敏感，会因为一点点小事而造成久久不能平息的恐慌，这种小事在普通人看来，或者可以完全忽略或者很快忘记，但习惯于焦虑的人不会这样，他们会反复去思考担忧，然后把事情无限放大，然后继续担忧继续紧张。

这种盲目的焦虑会使人们对未来丧失信心，严重者会对未来产生恐惧，觉得未来很危险，从而逃避、抗拒做事，其实未来有什么危险的呢？太阳每天都会照常升起，有时候你看不到也只是因为阴天而已，乌云散尽后，依然能够看见太阳在东方升起，地球也不会突然停止转动，所以没必要对未来产生过多的担心。

早已经功成名就的金庸在年迈之际还带着太太飞离香港，到英国剑桥大学开始读博计划，在那里金庸夫妇租了一套房子，很简洁质朴，有趣的是，金庸和太太商量，请了一位意大利厨师解决一日三餐，因此他们能吃到意大利式的"中国菜"。此外，金庸在剑桥的导师每周都会骑着自行车来家里看望他，为他"开小灶"。

金庸每天都在书包里装上课要用的书和资料，有喜欢金庸小说的粉丝前来要签名，金庸一一拒绝，告诉他们只有在自己散步和喝咖啡时能签名。刚到剑桥那阵，金庸上下学还曾骑过自行车，不过不久就不骑了，因为金太太担心校园里穿梭的汽车很容易把他撞倒。后来，金庸便改为开汽车，没开几次也放弃了。金庸说自己是个没有方向感的老头儿，认不清路。最终他解决上下学的办法是每天打出租车。一把年纪的金庸生活实在是太洒脱了，颇有他笔下各路大侠的风范。

苏轼被贬，带着人去远处购置房产，在一片竹林中遇到小雨，苏轼不用打伞，高兴地作词一首："莫听穿林打叶声，何妨吟啸且徐行。竹杖芒鞋轻胜马，谁怕？一蓑烟雨任平生。"快然潇洒的态度跃然纸上。

巴尔蒙特说得好："为了看看太阳，我来到世上。我来到这世上是为见到太阳和高天的蓝辉，我来到这世上是为见到太阳和群山的巍巍，我来到这世上是为见到大海和谷地的多彩……"

已故作家王小波说："人拥有此生此世是不够的，他还需要一个诗意的世界。"这个诗意的世界不在别处，就在我们心中，每个人都可以活得自由自在的，放下一些束缚和规矩，拥抱平静的心态，就会变得洒脱，想吃地方小吃不惜走很远的路，想做喜欢的工作也能放弃高薪职位，这就是洒脱，活得洒脱点不那么累，能够更好地体验人生。

5. 绝不人云亦云

作为脱口秀节目主持人,并不能只靠犀利的幽默博人眼球,最重要的是要有自己的主见,金星不会人云亦云,她甚至会从其他的角度来分析社会热点,每期节目她都会拿出自己的观点,分享给电视前的观众们。

国内某著名综艺节目被曝光演员片酬一集过百万,而韩国同类节目演员一集只有几万块,面对拥有众多粉丝的一线明星,金星毫不手软,在节目中对此现象进行了评论:"为什么中国的明星片酬高呢?因为咱们这儿太把这些明星当回事儿了,你看吧,就这么高的片酬,还有一些明星参加真人秀的时候还端着那个偶像包袱呢,出工不出力。而咱们这些导演制作人呢也不争气,也贱,见到明星以后,就见得比他亲爹娘还亲呢,但在韩国、在其他国家恰恰相反,明星看上去很耀眼,但社会地位并没有被抬得那么高,明星只是一份工作而已,所以韩国明星在参加真人秀的时候,虽然片酬低,但配合度极高,什么苦都敢吃,什么秀都敢玩……"

最后金星还"毒舌"了一把:"等你有一天没市场的时候,给人当孙子都没人要。"

有位成功人士曾经指出:"当有人对你说,'快看这儿'或'快瞧那儿'的时候,请你不要盲目地用目光去追随他们的指引,因为你的眼睛可以自己看到东西,你的脑袋可以自己转动,你完全不需要别人的指引。"

其实,做人做事也是这样,我们不能在听了别人对自己的看法后,就依附他们的喜好来改变自己,我们要按照自己的个性生活,有自己的思考能力,对事物有自己的见解,而不是盲目地选择顺从别人的意见,丧失掉自己的主动权。

人云亦云的产生还有个人因素的原因,一些人对自己信心不足,个性容易妥协,就容易产生这种情况:当对方比较强硬坚持自己的看法时,己方就"认输"给对方,并认为听对方的也许不会错。就个人而言,人云亦云的现象有可能是盲目的，也可能是自然而然的，但无论是发自内心的接受还是表面的顺从，人云亦云总归是不好的。

人云亦云对一个人有非常严重的负面影响，它会让人看到我们无主见、无思想的一面，从而逐渐失掉对我们的信赖之感，由此可见主见对于一个人的重要性。还有的人可能觉得当我表达自己的主见或者言论的时候，如果出现了错误太丢人了，于是就不说或者跟着别人说。说错话确实丢人，但是怕丢人就永远也迈不出去锻炼口才的那一步，有表达自己主见的能力的人，才会赢得别人的尊重。

英国著名前首相玛格丽特·撒切尔夫人的父亲罗伯茨是英国格兰文森小城的一家杂货店主。玛格丽特5岁生日那天，父亲把她叫到跟前，语重心长地说："孩子，你要记住——凡事要有自己的主见，用自己的大脑来判断事物的是非，千万不要人云亦云啊。这就是爸爸赠给你的人生箴言，就是爸爸给你的最重要的生日礼物，它比那些漂亮衣服和玩具对你有用得多了！"

在上学的时候，玛格丽特看到同学们都一起玩耍，一起郊游，一起骑自行车，她就也想跟着去。终于她把这个想法告诉父亲之后，迎来了父亲的怒吼："玛格丽特，你必须有自己的主见！不能因为你的朋友在做什么事情你就也去做同样的事情。你要自己决定你该做什么，千万不能随波逐流。"

独立思考，不人云亦云是人格独立的标志，有主见的人往往可以在众人中脱颖而出，就是因为他们有自主判断力，并且能够把自己的观点表达出来，从来不是跟随者的姿态，才能赢得别人的跟随。

2008年，有报纸专访韩寒，探讨"抵制家乐福"事件，韩寒表示自己不支持去家乐福示威，也劝退了身边想去的人，他的理由是："我觉得大家愤怒没有问题……但是你要找准对象来表达自己的愤怒，你不能瞎表达，给人看笑话。我是这么感觉的。"莫言曾经说过："当所有人哭的时候，就应当允许有人不哭，当哭成为一种表演的时候，就更应该允许有的人不哭。"

每个人对于事情都要有自己的主见，而不是去盲目地追随别人。当然，始终坚持自己的观点并不是一意孤行，是忠于自己和相信自己的一种自然体现，不轻易被别人的思想所左右。拥有自己的独特见解，才能真正让自己不人云亦云、不随波逐流、关键时刻能自己拍板做主，这就是表现自己主见的方式。人云亦云就像鹦鹉学舌，始终在说别人的话，又怎么能有气场。

6. 说自己想说的话

　　金星从来不迎合任何人,她批评那些炙手可热的明星们,也抨击那些让人啼笑皆非的社会乱象,她不会因为要去迎合某个明星或者明星的粉丝就说对方的好话,但她不是一个刻薄的人,你做得好她会真诚地夸赞你。

　　这就是金星的处事原则,金星在接受采访的时候,饱含深意地说过这么一句话:"叫我哥们也好姐们也好,只要您开心随您便,我还是我,我永远是金星。"金星就是这样,她不在乎外界对她的负面评价,她只要认为自己是对的,任何时候都会坚持自己的原则,永远只说自己想说的话。

　　金星始终把握着自己的原则,她不会偏向某一群体,更不会为了利益或者其他事情而违背自己的标准。一个人最可贵的地方就在于能够坚持自己的原则,并能说出自己想说的话,不阳奉阴违。

　　做人最可贵的莫过于在任何人面前都能坚持自己的看法,并且不盲目从众。每个人都会在乎别人的看法,但是,任何事物都有一个"度",一旦你常常让别人的看法代替自己的看法,就是一个危险的信号了。虽然人都是群居动物,都难免有从众心理,但是人生的路还要靠自己走,如果你一味地人云亦云,被人牵着鼻子走,最后就会迷失自己。

　　每个人对于事情都要有自己的主见,而不是去盲目地追随别人。或许每个人都有过这种感觉:在一些场合中,不知道该说怎样的话才最合适。其实,说话的第一条法则就是:"情感上不能接受的话,再正确的话也没用。"即便你虚与委蛇,费尽口舌地讨好他人,但是说出的话不真诚,那么最终只会让人觉得你虚伪且可恶。

　　或许有人会说,如果我不顾全他人的心理,说出了什么冒犯他人的话,那么不是会让彼此的关系变得更加尴尬吗?的确,在纷纭的社会生活中,有许多时候你常常难以当面说出自己的真实想法来。特别是在自以为是和专制的人以及上司面前,你无法当面驳斥他或做出刺激性的举动也是不争的事实。

然而，坦诚地说出自己内心的想法并不是让你赤裸裸地直言自己的态度，而是将自己内心的想法用真诚的语言进行表达，让那些原本看上去"张牙舞爪"的词语变得平和，然后在他人面前娓娓道来，这样既能让他人见识到我们的个性所在，而且还能感觉到朴实和真诚。

冯小刚导演是出了名的不迎合任何人，他在任何场合都要说自己真正想说的话。在录节目的时候，上台一位选手表演了一段小品，在表演结束后，一位评委认真地为选手们分析了这部作品："这个小品很有意思。喜剧有夸张和反差，你们的夸张都做到了，反差还没做到。"同时他也不忘鼓励选手："但是冯小刚导演笑了，他一直做喜剧，让他笑不容易。"

冯小刚导演接过话茬，直接对演出桥段表示不满："你一上场表演了《江南style》，但是跟小品没什么关系，已经过时了。而且一开始我就没觉得那个人（鸟叔）有什么好，你学他干什么呀？你还不如学范伟呢。"

说话不是随心所欲地乱说，但绝对可以说出自己想说的话，这样更加坦诚透明，另外，不追随他人的喜好而说出最真实的自己，还能证明我们自己内心的强大。因为正是这种不敷衍、不趋于造势的态度，才能让人感觉到人心本真，才能真正交到能够真心相谈的朋友。

说自己想说的是一个最基本的自由和诉求，只要你所说的不伤害别人。当你拥有这样的机会时就要把握住，因为这是展现你真诚的机会。每个人都是希望涨工资的，但是又不敢往多了说，说少了又觉得自己委屈，这就是不应当的。你想涨工资就大方地说，告诉领导自己上个月干了多少活，希望赚到多少钱，这没什么尴尬和不好意思的，领导也愿意你跟他这样吐露心声，这也是上进心的一种表现。

第十一章

心灵

1. 孤独是灵魂的盛宴

2008 年奥运会期间，举国沸腾，所有人都在讨论奥运会的事，而金星却带着舞团的人跑到了内蒙古大草原和牧民生活在一起，晚上一个牧民唱歌，方圆几里地都没有声音，只有这样一个苍老的歌声。金星说："那是一种孤独，特别饱满的孤独，他的孤独是可以对着云彩、对着牛粪、对着星星大声唱的。而城里人的孤独狭窄而可怜，哪怕我们都挤在一起，互相之间也没有一点关系。"

金星认为现代人忙碌的生活，让我们忘记了怎样去享受自己的孤独，更不愿意创造一个独处的时间去寻找孤独，无论做什么都要热热闹闹的，时刻充满嘈杂的声音。生活中，很多人并不明白孤独是一种可贵的品质，他们无法使自己安静下来，他们拒绝孤独，总是通过拉帮结伙的娱乐活动来证明自己。可是当人群离开后，依然剩下自己一个人，一种难以言说的孤独感蔓延开来。

真正成熟的人，是懂得孤独的意义的，孤独并不是指地理上的偏居一隅，而是指心灵中留有自己足够安静的空间。如果对"孤独"没有深刻的认知和理解，就算是隐居在深山老林，也算不上是真正意义上的孤独。正如金星所说，孤独是一场灵魂的盛宴，前提是你得能享受孤独，有的人就无法忍受独处的环境，无论做什么都要找个人陪着，如此害怕孤独，其实就是内心不够强大的表现。

其实，孤独并不可怕，可怕的是把孤独当成寂寞，孤独和寂寞根本就是两回事。孤独是充实的，寂寞是空虚的，即使寂寞的人找朋友狂欢，那也只是一时的宣泄，到最后还是回到以前的状态，不敢直面自己，像是一只无头的苍蝇。然而孤独却能给我们足够的时间和空间去审视自己，激励我们去不断思考。

孤独是一种心境，孤独是自成世界的独处，是一种精神上的自由。孤独能够为"创造"提供充分的时间和空间。

　　伟大作家曹雪芹是孤独的,他在锦衣纨绔的奢华生活中度过了自己的少年时代,成年后,由于家道衰落,只得过着蓬牖茅椽绳床瓦灶的贫困生活,而在其极度穷困潦倒的孤境下却诞生了《红楼梦》这享誉人间的巨著,字里行间那"满纸荒唐言,一把辛酸泪;都云作者痴,谁解其中味"的孤寂之心,溢于言表。

　　"二泉映月"那扣人心弦如泣如诉的琴声,总让人想起那个 4 岁丧母、21 岁患眼疾、35 岁双目失明的阿炳,靠沿街卖唱和演奏为生,其心境该是怎样的孤独,但那旷世的曲调不正是在那孤苦凄凉的心境里诞生的吗?

　　金星说:"孤独是留给你自己的空间,只有一个人独处的时候,才有机会发现真正的自我,独处的时候没有杂音,就能听清内心的声音,一个人的孤独里,其实包含了你与自己的交流。"金星告诉朋友,把孤独当成朋友,不要害怕孤独,去享受孤独的声音,聆听来自灵魂深处的声音。有时候与孤独相处后,就会发现其实也挺有意思的。

　　孤独是一种高贵的品质。易卜生说:"在这个世上,最坚强的人是孤独的,而且是单独站立着的人。"不是英雄不懂寂寞,情到深处人孤独。孤独时我们才是最真实的、最清醒的,这时,审视自己,剖析自己。如果说忍受孤独是一种毅力,那么享受孤独便是一种情趣。人生不可避免孤独,正如我们会享受成功的喜悦一样,我们也能享受孤独。著名画家梵高在孤独中创造了诡谲而又充满想象力的画作,他的向日葵似火,热情洋溢,他的星空深邃,带着神秘的力量,梵高生前画作一分钱不值,没有人欣赏,但正是这种孤独成就了他的艺术水平,他一个人面对着麦田,那份孤独全都融进了画布里。

　　千山鸟飞绝,万径人踪灭,孤独是一种自由。在独处的时候,一个人面对世界,我们可以跟内心交流,做自己想做的事情,一个人吃饭、一个人看电影、一个人收拾屋子,这些行为都很孤独,可是也很美好,没必要凡事都要用人陪,一个人也可以做得很好。

　　金星说自己在舞台上是最孤独的,也是最美的孤独,那一刻才真正属于自己。她说自己跳舞的时候什么都不想,就像浮在云上,心里的感受一下子被放大。金星很喜欢这种感觉,在台上孤独地跳舞,并且能感受到台下观众的孤独。孤独这场灵魂盛宴,可以让我们与自己的内心,甚至与一草一木产生交流,热闹是别人的,孤独才是自己的,所谓孤独其实并不孤独,这是一种与世界独处的方式。

2. 一个人旅行，让自己变小，空间变大

　　金星在自传《掷地有声》中写道："我喜欢旅行，尤其是一个人旅行。怎样给自己留出一个独处的空间？不如就挑在路上。"金星认为和老公旅行就是两个人的分享，带着孩子旅行就要带着责任，动静越大，属于自己的空间越小，当只有我们一个人去旅行时，空间才会拉得很开阔，让自己变得很渺小，直到自由自在。

　　现在很流行一个人旅行的概念，摆脱旅游团的吵闹，告别城市的喧嚣，一个人想去哪里就去那里，吃穿的标准也不会太过讲究，一个人便踏上游山玩水的旅途，正如金星所说的，想干什么就干什么。独自旅行的意义在于，没有外界的打扰，行程是自由自在的，想停留几天就停留几天。更重要的在于，当你一个人旅行的时候，你看到新鲜事物想分享给别人，身边却没有熟人，所以只能跟自己说话，这就是跟内心在沟通。

　　一个人旅行中，你不知道前方会遇到什么美景与人，所以惊喜随时就会出现。金星认为这很浪漫，一路把自己打开，到哪里都能看到美。她就一个人去过很多地方，经常世界各地跑，金星说："去过很多地方，遇到完全不同的文化和人，都会不断地思考，为什么不同地方的人会有不同的长相和性格？为什么他们交流感情的方式是不一样的？这里的建筑与市井又在传递怎样的信息……"陌生的环境会给金星带来全新的思考。网上有一句话："来一场说走就走的旅行。"透露着人们对现实繁重生活的无奈，和对逃离的向往。

　　一个人旅行是零负担的，这一路上我们能和自己的心灵来一次碰撞，一个人旅行总能发现路边未曾注意到的美景，没有旁人的喧嚣，我们只有注意去看，所以往往能够发现隐藏在深处的美丽，这就是旅行的意义。在异国他乡，不需要别人陪伴，一个人也可以过得很好，静静地享受一个安静的下午。习惯了大城市里快节奏的生活，习惯了呼朋唤友的生活，放下这一切，一个人与孤独为伴，在陌生的美景中，总能引起我们的思考。

台湾著名作家三毛为了避开尘世的喧嚣，来到了撒哈拉沙漠里的一个小镇，在这里她写下诸多美丽的文字，随后与荷西在撒哈拉沙漠结婚，两个人定居起来。不幸的是，荷西在1979年水下工作发生事故而去世，三毛遭受了重大打击，返回台湾后，又再度出走，一个人游历了南美洲。三毛在这一次又一次的远足中，不断地寻找着生命的意义和创作灵感。

旅途中，我们一个人自由自在地行走着，可以享受一个人在路上的感觉，走走停停，自由自在的想着一些事，或是放空自己，很享受。旅行的孤独让我们在旅行中主动去结识新的人，会听到更多的故事，有惊喜的旅行才最让人回味。一个人旅行是认真了解一座城市的好机会，去了那里最好搭公交车，吃当地的早餐，感受上班族的生活，走街串巷看市民生活，能够领略到与众不同的旅行体验。

金星在书中写道，一个人在路上来一次彻头彻尾的旅行，不用刻意买张机票去旅游景点，哪怕是去一个没去过的城市就行，"你给自己一个小时去那些你之前从来没留意过的小地方，去梧桐树下或咖啡厅里走走停停，也一定会有自己的收获。"

所以，找个时间去旅行吧，不用叫上朋友家人，自己背上行囊出去一段时间，不发微博、不上微信，完完全全地把自己置身于一个世外桃源，总会有意想不到的收获。这种一个人旅行的方式可以让我们变得更加强大，让我们的内心变得适应力更强，当整个人由内而外地坚强起来时，气场也就会随之提升。

3. 把心敞开，世界也对你敞开

金星在自己的书《掷地有声》中写道如何练就一颗强大的内心，她的答案是很简单，只需要把心打开了，生命自然会把练心的材料给你。意思是说：一个人要敞开心胸，去接纳这个世界，一个见多识广的人自然会把心打开。金星说："练心的准备工作，就是把你的五官体验全部与心连接，才能和这个世界不断地'电'出火花。一本书、一部电影、一处风景，或是一个人，都能激发我的思考。放下成见，敞开内心，不断地磨炼自己的过滤、判断能力，往往可以看到更多、更深或是完全不同的事情，以及事情的不同面。"

金星表示人要多去接触真实的生活，她说："真实的生活会比什么都好看。把心打开，功课自然就来了。生活会给你很多意想不到的东西，但你别关着心，把心打开，淋淋雨，吹吹风，被人踩一下，被人捅几刀，被人捏来捏去……如果是一颗要变强的心，它不会碎的，会把那些经历都当做练心的资本。"

的确，把心打开才有阳光照进心房，把心打开才能以最真实的自己面对世界。在这个光怪陆离、行人匆匆的世界里，面对无数的高楼大厦，面对冷漠的人情世故，越来越多的人把自己的心藏了起来，悲伤的时候也不去诉说，一个人默默地承受着，交朋友的时候也不用真心，只保持关系不错而已。

现在有很多人如同刺猬一样，浑身长满尖刺，不让任何人触碰，把自己柔软的内心包裹起来，这固然是面对世界的坚强自立的办法，不过也让我们拒绝了朋友。梁实秋说："有时候，只要把心胸敞开，快乐也会逼人而来。这个世界，这个人生，有其丑恶的一面，也有其光明的一面。良辰美景，赏心乐事，随处皆是。"

多出去走走，多与人交流，把心打开的最重要步骤就是沟通。沟通就像是一把打开内心枷锁的钥匙，帮助我们与朋友、与这个世界建立联系。并不是没有人理解我们，并不是没有温暖的事情，而是我们没有与别人沟通，尝试着把心锁打开，透进阳光，让朋友的关怀进入到我们的心里。

古语讲:"推心置腹,开诚布公。"我们对于不是很了解的人,交浅不可言深,对于可以信赖的朋友,则要多一点信任和真诚,少一些猜疑和戒备,我们对值得信赖的人说话真假难辨,闪烁其词,一旦被对方发现,很容易导致友谊的破裂。以诚待人是深交的一座桥梁,能够帮助我们的友谊越来越深。

当我们把心向世界打开,这个世界也就向我们打开,朋友之间用心交往,我们的友情坚不可摧,亲人之间用心交流,亲情就变得愈加浓厚,所以敞开心扉,赤诚相见,才能够让人们看到我们最真的一面。

在陌生的环境里,人人都习惯板着一副面孔,向别人敞开心扉并非易事,敞开心扉难在心理上的某种顾忌,这种顾忌不仅存在于陌生人之间,也存在于具有亲密关系包括夫妻关系在内的人与人之间,有时甚至有一种关系越亲密,顾忌越多的现象。消除顾忌是打开心扉第一道大门的钥匙。

金星说:"想要练心,取决于你对生活有多敏感,而不是你要受多大苦,受多少压迫,才能爆发出惊人的力量,苦难只是帮助你的可能性之一而已。你需要做的只是把心打开,准备迎接任何东西,好的坏的都有它的道理。"

这就是金星想表达的,她就是这样一个人,时时刻刻都很"敞亮",整个人的气场是大方自然,内心里没有阴暗,她可以把心敞开与人交流,她有什么说什么,所以就特别真诚。

4. 从复杂中解脱出来

生活越来越复杂，人们变得越来越忙。金星也是如此，在剧团、电视台、家庭里团团转，但是她懂得把自己从复杂中解脱出来，她会花时间安静地待一下午，或者直接带着闺蜜到海岛玩，喝喝茶、晒晒太阳。

金星私下里跟电视上完全不一样，出门不带助理，不化妆，走路生生带风，见谁都笑着打招呼，就像邻居一个热心的大姐，完全想象不到她在台上的"毒舌"和犀利。金星很明白，她把工作和生活分得清楚，工作可以忙，但是生活不能忙，该简化就要简化，这样才能不让自己负重过多。

现在人的生活越来越嘈杂纷乱，甚至有的时候会感觉苦不堪言。美国作家丽莎·茵·普兰特著有一本畅销书，她在书中说："简单意味着悠闲，简单，是平息外部无休无止的喧嚣、回归内在自我的唯一途径"。是的，当我们拥有了金钱地位，却发现应酬日益增多，每日忙碌不堪，甚至连睡眠时间都很少，我们真应该问问自己，这样的生活真的有必要吗？

有人觉得"简单生活"是不是就如同苦行僧般的生活，不要丰厚的工资，粗茶淡饭，并且清心寡欲。这是对简单生活的误解，简单意味着"悠闲"而已，金钱不在于多少，不能让钱给我们带来焦虑和忙碌，无论是千万富翁还是普通工人都可以让生活过得简单自得。

我们忙着追求更新、更快、更好的生活的时候，却往往忽略了生命最基本的渴求——一个更宁静、更温柔、更甜美、更祥和的生活和世界。我们不要被过多的"摆设"吞噬，不要把自己变成现代物品的奴隶，把自己从复杂中解脱出来，生活中很多事情都是完全没有必要的，拖累身心又耽误时间。

在北京奥运会上大出风头、连拿八块金牌的美国游泳名将菲尔普斯，赛后在接受记者采访时说："我算是个天才吗？我也不知道是不是，我不知道什么叫做天才。我的人生信条就是充满信心地过简单生活。"

活得简单才自由，减一半不必见的人，省一半不必说的话，压一半不必做的事，削一半不必要的东西，这就足以让我们变得简单，卸下沉重的包袱，轻装上路才能让我们更加自在。披头士的灵魂人物约翰·列侬说过这样一句话："当我们为生活疲于奔命的时候，生活已经离我们远去。"现在生活节奏越来越快，很多人天刚亮就匆匆洗脸刷牙，出门挤地铁公交，开始了一天的工作，看那大街上的每一个人恨不能跑起来，都在加快了脚步行走。然后累了一天又是匆匆吃饭，躺在床上休息着，这样的生活日复一日，毫不停止，甚至越来越快。

在这快节奏的生活里一切生活的要素都被精简化，吃饭只能吃最快的快餐，做事用最简单有效的办法，看书要利用在地铁里那摇摇晃晃的十几分钟阅读电子版，忙来忙去，晕头转向，人们把生活想象成了一个飞速旋转的巨轮，在身后随时准备碾压过来，所以只好越走越快，有一位禅师说："这样的生活，只是在加速你走向死亡的进程而已。"生活得太复杂，让我们忘记了生活的初衷是什么，忘记了快乐的意义，每天要做太多的事情，晚上下班回家躺下就睡着，睁开眼睛又是劳累的一天。

忙来忙去，满头大汗，累了一辈子突然发现自己居然这么快就老了，自己还未曾发现，自己还没有好好欣赏路边的风景，还没有去旅行，还有很多很多事情没有去做，如此的忙碌就为了空出时间来做这些事情，没想到依旧还是错过了。

生活里完全可以做到"简单"二字，每天午后泡一杯茗茶，享受着充足的阳光，什么都不去想，这就是一种简单；真诚待人，把人事关系理顺，对每个人都保持尊重，不去掺和乱七八糟的是非，这就是一种简单；努力工作，但并不羡慕别人赚到了更多的钱，不为金钱所累，生活自足，这同样也是一种简单。

简单的生活并不是物质上的匮乏，它是精神的自在；简单生活也不是无所事事，但一定是心灵的充足。这种生活方式才是一种"懂"的人生态度，从复杂中解脱出来，修炼出轻松自在的气场，不要每天总是忙手忙脚的慌乱，活得简单才能活得精致。

5. 保持一颗平常心

有记者问金星这些年爆红后的心态变化，金星坦言是孩子让她有了平常心，她说："有了孩子有了家之后，不能说是完全退出名利场，但的确不再争名逐利，也不再执迷于要让世界认识舞蹈的魅力，或是去证明个人的价值。"金星现在更多的身心放在家庭上，重视对孩子的言传身教，潜移默化地教孩子好习惯，对一些争名逐利的事情已经厌倦。

物欲横流的世界里，需要保持一颗平常心，才能不被外物所累。人活在世上便有许多追求，追求不到便会痛苦、愤怒。然而胸怀平淡之心的人，则可以抑制自己追求，即使无法实现也不会感到遗憾。要做到不以物喜、不以己悲的境界，能在繁忙中找到休息的时间，享受平淡之美。

平淡之心首先在于自知之明的心态，世间烦恼有很多，至少一半是自行觅得，一味沉陷现实的得失、名利、成败、贫富的迷惘中，这样的生活必然非常苦累，甚至心力交瘁。现代人为什么忙，为什么累，有的人一天工作都坐办公室，风吹不着雨淋不着，却身心疲惫，稍有意外变动就难以接受。就是把太多的事情看得太重，没能习惯用平常的心态面对世界的变化。

平常心需要你去享受平凡和简单，把心放平稳，不要被外界的动乱干扰。古代圣贤庄子"处穷陋巷，困窘织履，槁项黄馘"，却强烈地反对物质利欲、权贵礼法对人身心自由的束缚，提出"不为物役"的主张。保持平常心的庄子能拒绝楚王的聘请，能与惠子在桥上探讨"鱼的快乐"。平常心不仅可以让人挣脱物质的束缚，达到不为物役的境界，还可以提升自我的认知水平，可以"役物而不役于物"。

对于普通人而言，人生最难逃开的就是成败两字了，这也是最需要具备平常心的领域。有人总结应该要做到："无为、无争、不贪、知足"。这未免消极了些，平常心不是说不去争取，不去努力，而是尽人事听天命，并且能够平静接受成败结果。

陶渊明的《归园田居》留下千古名句："采菊东篱下，悠然见南山。"王维的《山居秋暝》里："明月松间照，清泉石上流。"所谓"真香无味"，平淡乃是生活的一大特色，若不能理解、感受这种平淡，一味地追逐多种滋味的人生，恐怕是要忙碌辛苦一生而得不偿失了。

俗话说："简简单单是福，平平淡淡是真。"有的人觉得生活无聊，甚至毫无意义，其实不是生活无聊，而是不懂得欣赏平淡生活，平淡的生活很美，只待我们细心发现，细心品尝，不为任何外物所动，平淡会让心如明镜，透过这面镜子让我们看得清自己，看得清生活。

苏轼在江北瓜洲任职时，与当地金山寺住持佛印禅师是至交，苏轼写了一首诗："稽首天中天，毫光照大千，八风吹不动，端坐紫金莲。"书童把诗拿给了江那边的佛印禅师，佛印禅师看后批了两个字："狗屁。"苏轼看后大怒，立刻坐着船找佛印禅师理论，禅师大笑说："学士，学士，您不是'八风吹不动'了吗，怎又一'屁'就打过了江？"苏轼听后恍然而悟，惭愧不已。

平常心是一种心境和为人处世的态度，平常心是范仲淹"不以物喜，不以己悲"的感悟；平常心是道家的"宠辱不惊，去留无意"的修为；平常心是苏轼"历典八州，行程万里"的乐天。我们不可刻意去定义什么是平常心，怎么做才是平常心，否则就落入了俗套，不能撷取到平常心的真谛。

保持一颗平常心，能做到如意时淡泊不染，失意时泰然处之。抗战时期，梁实秋迁居重庆乡下，在主湾山腰买了一栋平房。这房完全是"陋室"的模样：有窗而无玻璃，风来则洞若凉亭，有瓦而空隙不少，雨来则渗如滴漏，附近有高粱地，有竹林，有水池，有粪坑，可谓失意之极。就是这样的地方，却被梁实秋起了个名字叫"雅舍"，而且在此一住就是七年。梁实秋深知此中苦乐滋味，在此间写下了风动一时的《雅舍小品》。

得意与失意并不是一成不变的，关键是看得意时我们用什么样的心态去享受，而每当失意的时候，又是用什么样的心态去面对。所以说，不管是在任何时候，心态都非常重要。打造一颗"平常心"，才有能面对任何事情的强大气场。

就像一年四季中不同的天气都各有各的好，千变万化的人生，一概笑而纳之即可。平常心不是口头说说就能做到，也不是看几篇文章就能理解，它需要积累和沉淀。简单来说就是：做好每天要做的事情，享受生活，享受做好每一件事情所带来的快乐，就会有足够的力量承担可能到来的挫折和痛苦。

拥有平常心的人仁慈、淡泊、乐观，不会将精力投注在蝇头小利与恩恩怨怨当中，能充分享受生活的乐趣，面对任何事情都能够微微一笑，遭遇挫折也能淡然处之，这样的气场是淡定而从容的。

6. 何苦庸人自扰

　　2016年4月份，金星出席某活动的一组照片曝光，照片中的她因为角度问题略显发福，还有了双下巴。有网友就在微博上@金星，说道："金姐，记者把你拍成这样，太过分了吧！而且还放在第一张啊。"

　　金星回复道："无所谓！自信的女人还怕小人眼中的歪曲？笑话。"网友们纷纷回应金星的大度，还笑称"又多了一个表情包"。金星不会被这种无所谓的小事所干扰，作为一个名人，每天如果都盯着网上对自己的言论的话，那简直要累死。所以这种无伤大雅的事情金星不会理会，这样才能把时间留给自己，不为小事计较而烦恼，这是轻松做人的一个基本道理。

　　作家荷马·克罗伊说："过去我在写作的时候，常常被纽约公寓照明灯的响声吵得快要发疯。后来，有一次我和几个朋友出去露营，当我听到木柴烧得很旺时的响声，突然想到：这些声音和照明灯的响声一样，为什么我会喜欢这个声音而讨厌那个声音呢？回来后我告诫自己：火堆里木头的爆裂声很好听，照明灯的声音也差不多。我完全可以蒙头大睡，不去理会这些噪音。"

　　人生大部分烦恼都是我们自找的，有一则新闻上说有对夫妻晚上睡觉前幻想中了彩票如何花，男方只顾着给自己买东西了，女方就生气了，吵着要离婚，实在让人哭笑不得。

　　戴尔·卡耐基讲过一个军人的故事，二战时军人在潜艇中执行任务，结果被日军发现，深水炸弹在他的潜艇周围爆炸，军人指挥着士兵立即下潜到很深很深的海底，关掉所有电扇、冷却系统和发动机，不发出任何一点声音。

　　在深沉的海底，军人开始回想起自己过去做过的每一件事情，他做的坏事，他当兵前为没钱买房子而苦恼，他还讨厌自己的老板，他跟自己的妻子因为一点小事就吵架，他还为自己额头上一小块伤疤发愁过。在那一瞬间他全都释然了，过去那些烦得要命的事情，在深水炸弹威胁之际全都变得荒唐而渺小。

英国有一句古老的谚语："不要为打翻了的牛奶而哭泣。"人生短暂，为小事烦恼是不明智的，有一个非常著名的故事：两个人对着一面旗幡争论不休。一个说："如果没有风，幡子怎么会动呢？所以说是风动。"另一个说："没有幡子动，又怎么知道风在动呢？所以说是幡动。"两人争执了很久，老和尚听了，对他们说："二位请别吵，我愿意为你们做个公正的裁判，其实不是风动，也不是幡动，而是二位仁者心动啊！"

正所谓"世上本无事，庸人自扰之"，烦恼痛苦也因此而来。世界之事往往就是如此，有一半的烦恼是我们自己想出来的。凡事想得太多了，一些鸡毛蒜皮的小事硬是被当作人生大事来处理，别人的一笑一颦有些人都会不遗余力地分析其中隐藏的含义，只会自寻烦恼。常在意身边的流言蜚语，为着无关紧要的某句话高兴、郁闷或痛苦，把神经搞得很敏感，把身心弄得很疲惫，结果亏了自己，却什么也收获不到。

我们是活给自己看的，不必沉浸在他人的语言中。其实鸡毛蒜皮本无所谓，我们又何必去在意。人贵有自知之明，我们知道自己还要去想那么多干嘛？

为了研究人们常常忧虑的"烦恼"，心理学家做了一个很有意思的实验。他们要求实验者把自己未来七天内所有忧虑的"烦恼"都写下来，然后投入一个指定的"烦恼箱"里。两周后，打开这个"烦恼箱"，实验者逐一核对自己写下的每项"烦恼"却发现，其中九成的"烦恼"并未真正发生。然后，心理学家要求实验者将记录了自己真正"烦恼"的字条重新投入"烦恼箱"。过两周，再逐一核对写下的每项"烦恼"。结果发现，绝大多数曾经的"烦恼"已经不再是"烦恼"了。烦恼这东西原来是预想的很多，出现的却很少，所以心理学家得出了这样的结论："一般人所忧虑的'烦恼'，只有10%是属于现在的。其他90%的'烦恼'未发生过。因此，烦恼多是自己找来的。"

王维有诗："行到水穷处，坐看云起时。"意思是随意而行，在不知不觉间，竟来到流水的尽头，看是无路可走了，索性就地坐了下来。"坐看云起时"正表现心情悠闲之极。本来"无路可走"自然要沮丧灰心，可诗人却又有一颗欣赏天地的心，真是一种大智慧啊。

内心强大的人不会为小事斤斤计较，更不会为普通的小事而烦恼，把精力都放在自己应该做的事情上，把这些事情做好，那些小的烦恼其实都无所谓。

7. 你能容下多少你就拥有多少

记者问金星："对于外界带些侮辱性的玩笑，你为什么都用风趣的方式回应？"

金星回答："把敌人变成朋友那是本事。我这种对流言蜚语刀枪不入的性格是人生转了三圈以后培养出来的。"

这么多年一路走来，金星遭遇了无数的诋毁甚至谩骂，时至今日仍有人用下流的语言评论金星，但正如那句话所说的，你能容下多少你就拥有多少。金星做的事情具有太大争议，但是她既然选择了去做，就要承受所带来的诋毁。

网络上有一句流行语叫："你能经得起多大诋毁，就能经得起多大赞美。"我们要有一颗能容人之心，能忍受外界的诋毁，忍受环境的艰难，忍受生活的坎坷，对外界保持包容。每个人都可能被误解，外人不了解我们，所以当他们用狭隘的视角评论我们的时候，没有必要跟他们生气。

所谓"人非圣贤，孰能无过"，人与人之间难免有磕磕绊绊，出现很多摩擦仇怨是很正常的事情，关键看我们如何处理，用什么方法处理。学会以德报怨，用一种宽容、宽恕的心态来处理的话往往会有事半功倍的效果，远远要超过"以牙还牙，以眼还眼"。季羡林被平反之后曾经针对被迫害一事说过这样的话："如果我真想报复的话，我会有一千种手段，得心应手，不费吹灰之力。可是我没有这样做，我对任何人都没有打击，一动报复之念，我立即想到，打人者和被打者，同是被害者，只是所处的地位不同而已，就由于这些想法，我才没有进行报复。"

一个斤斤计较、毫无雅量的人是不可能赢得别人信任的。当别人或有意或无意做出了伤害我们的事情的时候，若一定睚眦必报，要别人加倍偿还的话，恐怕是会大失人心的，这样不懂忍耐，不懂宽容，看上去是报了仇，实际上害的还是我们自己。

当我们压制不住心中的怒火，想要采取极端的方式处理问题时，不妨多想一想：一旦我们硬碰硬地去处理问题，仇恨的种子就会扎根在心里，它会毁了我们的生活。与其硬碰硬使双方都受到伤害，不如我们主动退让，与人一个方便，又何尝不可呢？

于右任是我国著名的大书法家，有一段时间，很多饭店、当铺的牌匾都署名于右任题字，用这种假冒伪劣的方式招揽顾客。有一天于右任的学生很生气地说："老师，今天我去一家羊肉泡馍店吃饭，他们也挂起了以您的名义的招牌，而且字写得特别难看。"于右任眉头一皱："这可不行。"于右任顺手从书案旁拿过一张宣纸，拎起毛笔，龙飞凤舞地写了"羊肉泡馍馆"几个大字，落款处则是"于右任题"几个小字，并盖了一方私章。然后缓缓地说："这冒名顶替固然可恨，但毕竟说明他还是瞧得上我于某人的字，所以，帮忙帮到底，你还是到那家店里，找到老板，把那块假的给换下来。"于右任面对别人的侵犯居然选择了这样一个有趣的解决方式，真是大家风范。

多一些包容之心，学会包容才能更好地为自己铺上一条平坦而又多姿多彩的道路。俗话说得好，"多一个朋友多一条路，多一个仇人就多一堵墙"。包容他人也能够让他人帮助自己，为自己除去一些坎坷。人因为包容而为自己消除一些烦恼，为人生增添一些色彩。容人所不能忍是一种气魄，这种大度可以帮助我们结交更多的朋友，保持内心的平和，很多事情能够容忍的时候，就说明我们的内心已经变得强大了。

8. 你就知足吧，别追求这个那个的

金星为了追寻自己想要的生活付出了极大的牺牲，如今她已为人妻，为人母。她用自己的一切向世人宣告：我当初的选择是发自内心的，现在的生活才是我真正想要的生活。金星反复说："做女人是我自己选择的，但是做妻子和母亲则是老天给我的恩赐！我很感恩，我很知足。"金星懂得知足，现在家庭幸福，孩子在健康成长，金星舞蹈团也成绩斐然，她除了要把事业做得更好以外，就不会再追求其他虚无缥缈的东西。

人生要懂得知足，否则填不满自己的内心。我们不能否认每个人都是有欲望的，而且人的欲望与生俱来，但是一个内心强大的人与常人的区别就在于，内心强大的人能控制心中的欲望，能够摆脱自己无谓的追求，比如新上市的产品、最新潮的服装，还有更多对工作、家庭的要求。

因为很难达到，所以常常让我们痛苦。所谓"知足者富"，学会惜福，学会知足，就不会贪得无厌，也就不会带来大祸，而不知足的人常常家中黄金万两仍然觉得贫穷，这与知足者安贫乐道形成了鲜明的对比。正如老子所说："甘其食，美其服，安其居，乐其俗。"要看到自己拥有什么，而不是看到自己没有拥有的，把心态放得更加宽广，才能做到满足于现状。

在充满欲望的人生里，就要学会做减法，本来我们呱呱落地，一无所知、一无所有。我们开始追求各种各样的东西，这都无可厚非，可是突然有一天，会突然发现自己许多拥有的东西都是不必要的，生活已经被它们压得喘不过气来，开始觉得生活太累，寻个开心很难，就是因为我们不断地往身上背东西，而不曾放下。

不知足的人一辈子只是拼命地做加法，有了金钱、有了豪宅、有了地位，生怕自己的东西比别人少，没完没了，岂能不累？最后生活失调，苦不堪言。我们来到这个世上，其实每个人都背着一个空篓子，而人的一生，就是不断地往自己的篓子里放东西的过程。如果贪得无厌，欲壑难填，只做加法就很

悲哀。所以明智的选择是加法之余还要有减法。

减法就是远离名利、看淡成败并且安于淡泊。我们不能够一直做加法，也不能够一直做减法。我们一定要想清楚哪些是自己需要的，哪些是不需要的，哪些是暂时需要的，哪些是暂时不需要的，哪些是一直需要的，哪些是一直不需要的。当我们想清楚后，我们的人生就会很清晰。

人必须学会知足常乐，当欲望膨胀的时候，我们应该克制自己，收敛欲望，将欲望限制在一定的范围之内。"人心不足蛇吞象"会使人堕入罪恶的深渊。心里没有过多的欲望，才能做到无论面对什么样的诱惑，都能保持一份淡然平和的心境，在知足中得以长乐。

知足，是一种心态。台湾漫画家蔡志忠说：如果拿橘子来比喻人生，一种橘子大而酸，一种橘子小而甜，一些人拿到大的就会抱怨酸，拿到甜的又会抱怨小。而我拿到了小橘子会庆幸它是甜的，拿到酸橘子会感谢它是大的。

一个人凡事都要奢求，总喜欢得到这个、得到那个，这个要满足、那个也要满足，凡事不可能都如意，求之不得，自然会产生痛苦。任何奢望都是不应该有的，天上不会掉馅饼，想要得到就去努力奋斗，奢求除了增添我们的失望以外毫无作用。

精神分析大师弗洛伊德指出："人的本能就是追求喜欢的东西。""求而不得"时，欲望没有满足，自然久久难忘。欲望就如同一头张着大嘴永远也吃不饱的猛兽，这样的欲望如不能加以克制必会受其反噬。歌德说："谁不能克制自己，他永远是个奴隶。"不知足就永远被欲望所控制，不断地追求，只会越来越累、越来越忙。

俗话说："知足的人，虽卧地上，犹如天堂；不知足的人，虽处天堂，亦如地狱。"金星在电视上告诉青年男女们："你们就知足吧，别追求这个那个的，做好自己的事情就行了，你会发现幸福其实很简单。"

9. 内心的骄傲终会让你浮出水面

金星说自己是一个能主动生活的人，也是一个特别能忍的人。她自述道："我从九岁就开始忍，十多年的部队训练让我干什么我就干什么。体制内的生活就是这样，没有你想不想做，只有你必须做到的命令。"金星认为，当你必须要做某些事情时，那就要做到最好，她对每一件事都投入时间和精力，认真做总会有收获，她说："就算是不喜欢的事也会尽全力投入，起码在做人的态度上得到别人的认可：'嗯，这个人很敬业，不会掉链子，能信！'"

到了 19 岁，金星到国外闯生活，这是一种主动的活，同时也在忍，一有跳舞挣钱的机会就不放过，教人跳舞，在地铁站跳舞，多少钱都接，为了舞蹈她忍着，做任何工作都行，只要能让她学跳舞。

回国后，金星做了变性手术，那时候社会观念还很保守，她遭受了无数非议，更要命的是舞蹈事业险些被毁掉，金星还得忍着，她说："只有忍，忍到我能抬头说话的那一天。"金星的争议大，别人说她的难听话有很多，挑不到毛病最后还要拿变性说事，甚至在前几年还出现了某电视台封杀她让她走人的事情。

这些事情金星都在忍。但是金星说忍不是不动，而是在忍的时候积极充实自己，不断地填充自己，让更大的压力把自己激发。金星在这一过程中没有闲着，她游学、旅行，她学习各种外语，她坚持练功，她清楚自己为什么而忍受，因为她心里有更大的目标。

现在金星的目标实现了，她做到了自己想做的事情，她没有被环境所压垮，也没有被舆论所打败，忍着非议和痛苦一直奋斗到今天，终于成功了。金星说："那么多可气的人，我不可能一个个斗过去，只会让自己遍体鳞伤。骄傲是内心的骄傲，永远不倒，遇事的智慧则是小不忍则乱大谋，经过时间，才能让内心的骄傲浮出水面。"

在作家孔二狗的书里，有这样一段论述，就是一个人是玉器，当他面对铁器、瓷器的挑衅时，就不要与他们硬碰硬。这就是一种玉器内心的骄傲，玉器有自己超然的价值，有自己要实现的目标，为何要跟铁器、瓷器硬碰硬呢？

内心骄傲的人是精神上的王者，或许他们境遇不堪，或许他们穷困潦倒，但是他们依然会骄傲地走在自己的道路上。沈从文在"文革"时被安排扫厕所，在这种混乱不堪的环境下，他写出了《中国古代服饰研究》，系统地考证了中国服饰文化。保持内心的骄傲，是对自己的肯定，不会因为质疑和磨难而动摇，骄傲的人往往有一种强大的自信和忍耐力，如金星一样，跳舞就是她的骄傲，能让她站在舞台上就是最大的满足。所以金星一直站在舞台上，并且赢得人们的认可，她渡过了最艰难的时刻，她战胜了人们的舆论。

李嘉诚曾说："年轻时我表面谦虚，其实我内心很骄傲。为什么骄傲呢？因为同事们去玩的时候，我去求学问；他们每天保持原状，而自己的学问日渐提高。"每个人内心都得有一种自我认同和认知。内心没有骄傲的人，很容易动摇，也找不到自己的方向。内心骄傲的人，意志坚定，很少受外界影响；内心骄傲的人，心中有一块纯洁之地不容玷污。

1955 年出生的乔布斯自幼被养父母带大，到了大学他也看似游手好闲，1975 年赤手空拳创办苹果公司，1985 年身价 1.59 亿美元，登上《时代》杂志封面，到现在人们为了买苹果手机而彻夜排队。乔布斯是一个极骄傲的人，他要求自己的产品必须是世界上最好的，他骄傲地说出了那句名言："活着就是为了改变世界！"乔布斯就是这样的人，他曾不得不离开自己一手创办的苹果公司十年，也曾被世俗的潮流遗弃，他的人生大起大落，然而并没有放弃内心的骄傲，他特立独行，他不甘平庸，最终在全世界赢得了认可。

有气场的人内心总有一股子骄傲，一种不服输的傲气，一种舍我其谁的霸气，自己啥条件没有，就觉得通过努力能够做成。内心有骄傲，不甘于平庸，让我们能忍受艰难困苦，能让我们忍受横眉冷对，内心有骄傲，让我们执着地追求目标，

这种内心的骄傲不是对别人，而是对自己，骄傲地相信自己并非常人，骄傲地相信自己的努力，为了心中的目标可以忍受其他难以忍受的事，直到

目标达成。这样的人内心坚定，气场强大，往往认准了一件事情就必须要做到，所以总能成功。因为大部分人在遭遇困难时便放弃了，而内心骄傲的人不会，他们不允许自己失败，一遍又一遍地尝试，最终成功。

第十二章

态度

1. 我就喜欢认真

金星是一个认真的人，甚至某些地方会显得很较真，但这就是金星的人生态度，有不对的她一定要纠正，有不爽的她就会说出来，她会跟很多人较真。金星和杨丽萍同台做评委，当台上的一对选手比赛完毕，金星直接点出台上选手的缺点，坚决不给票要淘汰他们，而杨丽萍力挺。金星的理由是题目规定跳爵士舞，但选手竟然不按规则出牌，跳的是其他舞。金星认为参赛者是好舞者，但是游戏就是游戏，没按规则来肯定是不行的。

这就是金星，她的人生态度是眼睛里容不得沙子，较真的人做事的特点就是格外认真。不喜欢较真的人做事往往糊里糊涂，"差不多就行了"，不去全力追求完美，也自然不会得到完美。金星是一个活得很精致的人，她有很多精心挑选的旗袍，当她在公共场合露面时，永远那么优雅、精致。

金星的认真在工作和生活中都会体现，她对待脱口秀的工作认真负责，更别提她对舞蹈事业的认真了，一旦进入排练厅，金星不仅对学生严厉，对自己也十分严厉。她认为既然要跳这段舞，那就一定要跳好。

什么是认真，是吃好每一顿饭，精心打扮每一次的穿着，认真对待每项工作，无论什么事情都全情投入。该生气时就生气，绝不刻意隐忍；能快乐时就任快乐洋溢，不会故作矜持；需要用力的时候从不吝惜，能够爱的时候绝不退缩……认真而单纯地做每一件事，过每一天，才是舒展而又美好。

认真是一种态度。当你心无旁骛地将全力放在同一件事情上时，那即是认真的开始。认真也是一种能力，我能认真地做事，我能控制住外界的干扰，能在看书时不想着刷微博，能在学习时不想着最新一期的综艺节目。在认真时，我能全神贯注，甚至不惜与人争辩，一定要对事情刨根问底，把事情做好，这种认真的态度往往能够成就一个很好的成绩。

古希腊大哲学家苏格拉底对学生们说："今天咱们只学一件最简单也是最容易做的事。每个人把胳膊尽量往前甩，然后再尽量往后甩。"说着，苏格拉底示范做了一遍："从今天开始，每天做300下。大家能做到吗？"

学生们都笑了。这么简单的事，有什么做不到的？过了一个月，苏格拉底问学生们："每天甩手300下哪个同学坚持了？"有90%的同学骄傲地举起了手。又过了一个月，苏格拉底又问，这回，坚持下来的学生只有八成。一年过去了，苏格拉底再次问大家："请告诉我，最简单的甩手运动，还有哪几位同学坚持了？"这时，整个教室里，只有一个人举起了手。这个学生就是最后成为古希腊另一个大哲学家的柏拉图。

这就是认真，要做就不会半途而废，要做就会坚持到底，有时候看上去很"傻"，其实是最聪明。有些时候我们还需要较真，有难度的挑战很难通过，往往就需要这种较真的精神，尤其科研、学术、创作之类，更需要较真的态度，反复地练习，反复地创作，最终达到最好的状态。

英国伟大的小说家狄更斯说过一句话："在这个世界上，我们无法选择工作，但对工作的态度，我们却有权利、有责任去认真选择。"如果你是个上进的人，你就会认真对待你的工作，哪怕这项工作不是你很喜欢的。

日本著名跨国公司松下电器的创始人松下幸之助曾说过：即使自己是一名卖面条的小老板，也要做出最好吃的面条。正是这种做事认真负责的态度成就了松下幸之助的事业。我们每个人的工作都是平凡的，也可能还有人的工作很枯燥无聊，但是无论面对什么样的工作，我们都要认真对待，这样才会得到属于自己的收获。

在我们的工作和生活中也是如此，再难的事也抵不过认真二字，正所谓"世上无难事只怕有心人"，就怕一些人对待工作和生活是敷衍、马虎的态度，以这样态度去做事是根本不可能成功的。

我们决不能因为事情看似"简单"，就放弃了认真。俗话说"认真的人最可敬"，认真可以帮助我们把事情做成，赢得更多人的尊重。

2. 憋回去眼泪，用舞蹈将你的情感传递给我

金星在一次舞蹈节目中当评委时，给出了一个经典点评："憋回去眼泪，用舞蹈将你的情感传递给我。"金星认为并不是所有的努力都需要摆在台面上，你可以在背后默默努力，最后用自己的作品或者成绩说话。

金星说："我觉得舞蹈演员其实很多想说的特别多，但是好在他们掌握了另外一种语言表达方式，无论是什么舞种，所以我希望他们把眼泪憋回去，哪怕你含着眼泪把这段舞蹈跳出来，都比你说的要强得多。"

金星的态度是从来不会向外界展现自己脆弱的一面，她永远以一个坚强独立的形象出现在人们面前。可是这世界上谁还能没有一点脆弱，谁能不渴求安慰，但是没办法，金星自己若是脆弱，也没有人替她坚强，她会选择用舞蹈来传递情感，但她不会向外界流泪、诉苦。

2006年至2009年是一段非常艰难的经历，金星把房子卖了做艺术节，被中间商骗，然后艰难地把这个团带下来，同时还要养孩子，舞蹈团发不出工资，但是她咬着牙不跟任何人说，工资照发，每天带着演员练舞依旧活力四射。

金星说："那经历是自己的，我也不想让别人同情。我是不叫苦的人，人家说金星真有钱，什么有钱，都是我一分一分挣出来投在里面的。我没道理把所有经历告诉别人，每个人走自己的路去吧，为自己的生命负责，谁也不能告诉谁怎么走。"

生活中，我们不要轻易向别人诉苦，因为大部分人对我们的诉苦毫不关心，向外界展示自己的眼泪，就是在展现我们的脆弱。而一个不轻易哭泣的人展现的态度是坚强独立，这是最受人们欢迎的。

网络上现在有一句话是："你不勇敢，没人替你坚强。"有时候工作压力大，生活乱麻一团，让人想要大哭一场，这可以理解，我们可以选择自己躲在屋子里大哭一场，但不要让任何人看见。坚强的人不需要过多的同情，会在自

己发泄过后，默默地整理好心情，擦干眼泪来面对世界。

哪怕是维持表面坚强，也不要轻易向外界展现眼泪。因为这是一种坚强面对生活的态度，不要总以可怜模样示人，而是要让别人以一个平等的角度来对待我们，我们在背地里吃过的苦、流过的汗也不用大肆宣扬，因为它们总有一天会凝结成美丽的珍珠。

索尼公司在东京帝国大学招聘，有个叫大贺典雄的大学高材生被选中，这个人敢刚进公司就跟索尼创始人盛田昭夫争论不休。没多久，盛田昭夫就把大贺典雄下放到车间做一名普通的学徒，当时很多人都在哀叹：大贺典雄啊，遭到了老板穿小鞋了吧，你的前途是毁了。

大贺典雄对此无动于衷，他认认真真地做自己的工作，跟着师傅学习技术，他对于又脏又累的工作没有任何抱怨和不满。一年之后，盛田昭夫又把大贺典雄提升为部门主管，盛田昭夫解释道："我是故意下放他的，挫挫锐气，他通过了我的考验。"5年后，大贺典雄成长为公司董事会的一员。

这个社会充满"不公平"，面对这些苦难我们能做些什么？对着外人大倒苦水？跟朋友诉说自己的痛苦？这些都没用，我们能做的就是憋回自己的眼泪，用实际行动证明自己，用最好的成绩回报自己。尤其是在职场中，更不相信眼泪，到处诉苦并不是最好的解决办法，也不会有很多人关心我们的诉苦，所以与其寻求安慰，不如把眼泪藏在背后，以一个坚强的模样示人。

金星在自己最苦的时候从来不跟别人说自己有多痛苦、多难熬，做变性手术都是一个人去的，在美国留学的时候金星一个人赚学费，一个人学舞蹈，给家里汇报永远都是"挺好的"。她何尝不需要一点安慰，可是她知道别人的安慰并不能解决实际问题，没有人能替她练舞，终究还是要自己去做这一切。

金星一直咬牙坚持着，她把所有的痛苦埋在心里，现在她熬过那段最艰难的日子了，她才跟大家提起过去的经历，希望用这些经历给后人们一些启示。

3. 每天想消失在人群里

金星说自己是一个特别典型的狮子座,也就是有一种"女王范",好在她有舞台、有剧场,可以把这种霸气释放出来,可以角色多变地展现自己。而在生活中,金星则是另一幅模样,她表示自己每天出门恨不得消失在人群里,谁都不认识自己最好。

金星很喜欢享受把自己关在房间里一个人休息的时光,尤其是在外面工作的时候,因为在家三个孩子和老公汉斯都要分金星的时间,所以她在外面工作刻意低调,总能享受到冷清的时光。老公汉斯也懂金星,还嘱咐孩子不许给妈妈打电话,给金星留下自己的时间。

聪明的人在生活中不会选择特别高调招摇的状态,而是会像金星一样让自己低调平淡起来,一方面能够给自己留下大量的私人空间,另一方面也不会出现遭人嫉妒的情况。常言道树大招风,特别招摇的人在现在这个社会里很容易被发现、被敌视。在我们的日常生活中,经常会有人因为偶尔的得势,身价飞升,从而瞧不起自己以前的同事朋友,经常会在社会交往中流露出一种优越感。对于他们认为不如自己的人,更是显得不可一世,不屑一顾。这种态度不仅仅刺激了别人,更容易得罪别人,葬送多年的友谊。古代像禹、汤这样道德高尚的人,尚怀满招损的恐惧,那么普通人,又有什么资格去嚣张狂妄、有自满之心呢?

自古以来,金钱就是一个人身份和地位的象征。有道是"有钱气也壮",于是,很多富人就常常自以为有了夸耀的本钱,不分场合和地点地炫耀自己,这就是我们常说的"露富"。事实上,一个人不可盲目"露富"。如果你有才,不要骄傲自满,以为全世界数自己最聪明。同样,如果你有"财",也不要恃"财"自傲,四处炫耀。否则会导致倾家荡产甚至引来杀身之祸。

有一个成语叫"静水深流",简单的说来就是我们看到的水平面,常常给人以平静的感觉,可这水底下究竟是什么样子却没有人能够知道,或许是一片碧绿静水，也或许是一个暗流涌动的世界。无论怎样，其表面都不动声色，一片宁静。大海以此向我们揭示了"贵而不显，富而不炫"的道理，也就是说，一个人在面对荣华富贵功名利禄的时候，要表现得低调，不可炫耀和张扬。

为了保持低调的态度，有时候我们就不要太把自己当回事。建安九年，曹操攻破邺城，占领冀州，许攸立有功劳，但许攸自恃功高，屡次轻慢曹操，每次出席，不分场合，直呼曹操小名，说："阿瞒，没有我，你不得冀州。"曹操表面上虽嘻笑，说："你说得对啊。"但心里颇有芥蒂。一次，许攸出邺城东门，对左右说："这家人没有我，进不得此门。"有人向曹操告发，于是许攸被收押，最终被杀。

冰心曾写下过这样的诗句："墙角的花，当你孤芳自赏时，天地便小了。"有些人有了点成就便喜欢时时刻刻欣赏自己的功绩，而且越看越觉得自己厉害，仿佛这个世界没有了他便会崩塌一样。太把自己当回事的结果就是真的认为自己很重要，便处处显摆，停滞不前，沉浸在自己的功勋里，最后固步自封。

英国文学家萧伯纳一日闲着无事，同一个不认识的小女孩玩耍谈天，黄昏来临时，萧伯纳对小女孩说："回去告诉你妈妈，说是萧伯纳先生和你玩了一下午。"没想到小女孩马上就回敬了一句："你也回去告诉你妈妈，就说玛丽和你玩了一下午。"

无论处在什么地方或者什么位置，你都需要明白，任何一件事都不是孤立存在的。但生活中有些人却往往忽视了这一点，他们在爬到一定高位时，不是居功自傲，便是矜才使气、盛气凌人。想一想宇宙之大、人际之繁，一人之功、一己之才算得了什么？更何况每一个人的"功"和"才"都是踩着别人的肩头摘得的。所以，才大而不气粗，居高而不自傲，才是做人的根本。

不要以为自己有才，就四处显摆，见人就想指点；也不要以为立了功，就有了讨好君上、固宠求荣的法宝和资本。低调的人，总是把那些笼罩在头上的光环推掉，用平和的心态去对待每个人和每件事。

蒲松龄《聊斋志异·夜叉国》中曾描写过趾高气扬的朝廷大员们："出则舆马，入则高堂，上一呼而下百诺，见者侧目视、侧足立——此名为官。"

他用寥寥数笔就描写了古代官员们以自己为重的表现，生活里也常常有这样的人，总喜欢别人的目光围绕在自己身上，有一种不可或缺的感觉。

其实，别把自己看得太重，真正想要达到不可或缺、地位重要的话，应该努力做事，当我们做出来的事情别人做不到，只有我们可以，这样无论于工作还是生活都会让我们变得极为重要，而这时也不要太过在意，要知道，铁轨上至关重要的螺丝钉是从来不说话的。

4."全世界我只崇拜我先生"

金星深情地说："我对汉斯很崇拜。他的心确实够大，能够包容我，要我说，我是个特立独行的女人算是好听的了，都可以说是独断专行的一个女人。但他能包容，能承载，能一直坚定不移地站在这么一个有故事有个性的女人身边。"

金星总结道，汉斯不在乎别人看待金星猜疑的目光，要帮着金星抚养三个与自己没有血缘关系的孩子，他心甘情愿；为了金星抛下远在德国的父母在中国生活、学习中文，他无所谓；在金星最困难的时候拿出全部积蓄给金星，毫无怨言。金星说："他和我在一起，随时做好了和我一起过苦日子的准备，就是这样一种信任和坚持，还不够伟大吗？"

金星感叹爱情就是一物降一物，原来她喜欢那种叱咤风云充满激情的男人，结果来了一个文质彬彬、说话不多的德国男人，一下子就把金星降服了。金星表示从来没有和汉斯对吵过，因为自己脾气火爆，一生气就要吵架，可是汉斯永远都是在一旁看着，有时也不理金星，就是不跟她吵架，金星自己发一通火后气消了，也就过去了。

杨绛先生曾在书信里写道："我是个崇拜丈夫的贤妻，只要能及钟书的一半好，就喜出望外了。"这并不是说女人一定要崇拜丈夫，而是一种爱情婚姻的态度，不卑不亢，平等和谐，彼此依赖又能独立。两个人在一起的关系很神圣，同时又很脆弱，把握不当很容易毁于一旦。

婚姻和爱情并不是一回事，恋爱的时候，都是要跟着感觉走，不管别人的意见，不计后果的一路前行。被爱情的喜悦冲昏了头脑的女人们，往往不会在意男人是否有责任感的问题。但是一旦面临结婚，你就应当重视起来了。

结婚就是要两个人一起过一辈子，是要面对人生的风雨，面对很多个平淡无奇的日子。没有责任感的男人，遇到风吹草动的挫折，便会以爱情破灭的理由逃走。让一个女人来承担家庭所有的重担，婚姻必然会一塌糊涂。

恋爱的时候，总希望两个人能成天黏在一起，很多女人都把这当成是一种幸福。结婚的时候，你就不能这么想了。如果一个男人，成天什么都不干在家陪着你，多半是缺乏事业心，甚至是打算一辈子"吃软饭"的小白脸。

结婚与恋爱永远是两回事，就像胡萝卜和菠菜，虽然都被人们称为蔬菜，但是功能却各不相同，胡萝卜富含维生素，而菠菜则可以补血。在选择之前，你必须清楚知道自己缺乏什么、想要什么？而不是说我只是想买一把蔬菜，什么都行。

恋爱简单，只要两情相悦就一切OK。哪怕只是勉勉强强在一起，也没什么大问题。等到激情退却后，大不了就是一句"分手"而已。而婚姻却是一件很复杂的事情，毕竟它关系到你长长的一生。谁也没办法把"离婚"当成家常便饭来对待，所以还是慎重一点为好。

婚姻中两个人要互相支持，金星是真正把婚姻当做一项事业来经营的。不懂经营的甚至不想或者不用心经营的婚姻，矛盾就接二连三地层出不穷。很多夫妻不知道自我反省，总是抓住对方的缺点和毛病不放，争吵不断升级，这样对于婚姻是毫无益处的。

于丹老师曾经说过："婚姻需要经营，家里要有灵性。"婚姻需要双方的经营，双方往同一个目标建设，允许存在分歧和缺点，但要互相爱着对方，希望把这个家庭建设好。歌德说："婚姻虽不是我们的全部，但却是我们生活的重要组成部分。它直接影响并决定着我们后半生的走势。"婚姻的质量如何，往往在于我们如何选择和如何建设。

一段美好的婚姻可以成就一个人，而一个人对待婚姻的态度则会成就这段婚姻，如果抱着组织一个家庭就过日子的心态，恐怕在面对婚姻矛盾时无力解决；如果抱着逃避的心态面对婚姻中的危机，那么迟早都会自吞苦果。

5. 事业和家庭，从容面对

　　金星在书里戏言自己有六七个频道，在父母面前是孩子，在先生面前是太太，在孩子面前是妈妈，在公众面前是名人，在朋友面前是好姐们儿，在舞台上是舞者，在公司里是管理者……金星说这些频道组成了自己，她知道每一个频道该做什么，做母亲时一边操心一边教育孩子，做太太时就照顾柴米油盐这些事，在外面则做一个公众人物。

　　金星认为事业和家庭并不是不能兼得，它们只是分属不同的频道，"准确的女人心里会有个遥控器，将所有的社会角色一一分好频道，待人做事时就把频道调清楚。"金星这样写道。

　　丈夫汉斯是金星最大的助力，他帮助金星做事业，也帮助金星建设家庭，每次金星首演，汉斯都坐在台下，静静地欣赏，他不懂舞蹈，但他懂得欣赏金星。有一次采访中，金星坦言，她和汉斯是结婚十多年的老夫老妻了，可是有一次当金星手忙脚乱吃完早餐准备出门时，丈夫汉斯叫住她，说："在我心目中，你一直是一个有魅力的女人。"这句话让金星动容不已。

　　金星最开始也不能做到事业和家庭的完全平衡，年轻时她认为事业第一，家庭频道进来后，事业就排在了后面，金星把所有事情都弃掉，一心扑在家庭里，陪孩子吃早饭、晚饭，还要看他们上学。

　　后来电视节目找到金星，金星和汉斯谈了一个晚上，因为她知道参加电视节目肯定要消耗原来花在孩子和家庭上的时间和精力，但是三个孩子以后上学都要用钱。钱，对一个家庭来说同样很重要。

　　于是金星和汉斯达成了协议，他支持金星的工作，但是不准把电话带到卧室，金星也逐渐学会了"挤"时间陪孩子，尽管这样不能百分之百平衡，但却不至于影响她和家人的感情。

　　有些女性抱怨自己在事业和家庭中两头跑苦不堪言，要么是"没出息的家庭妇女"，要么是"不顾家的女强人"。"照顾家庭和孩子"与"追求事业努力工作"，这些事情存在冲突，但冲突最激烈的并不是时间的分配，而是内心的挣扎。在这种情况下无论是放弃事业全力照顾家庭，还是放弃家庭全力冲刺事业都不是最好的选择，选择任何一边都意味着要有很大的牺牲。

首先我们要得到家人的理解，金星的做法就很值得学习，电视台邀约时，她先跟汉斯谈得很深刻，而且还能"约法三章"，在这种充分理解下，汉斯也会对家庭方面进行弥补，为金星去做自己的事业解决后顾之忧。这样双方的理解和包容，成就了金星对事业和家庭的兼顾，她依然用很多时间来陪孩子，同时又能把电视节目、舞蹈团做得风生水起。

Facebook 的 COO 桑德伯格在 TED 演讲中，也讲到女性如何在职场中做得更优秀，同时又保持家庭的幸福，她给出了三条建议："一，坐在桌旁。二，让你的伴侣成为一个真正的合作伙伴。三，在你离开前别放弃。"坐在桌旁是为了在职场争取跟男性一样的机会和权利，得到伴侣的支持是事业和家庭兼顾的重中之重，没有支持就会有争吵，而如果在事业和家庭中间焦头烂额，也不要轻易放弃，可以选择更换工作或者换方式陪家人，往往能得到最佳解决办法。

著名电影《教父》里有一句经典台词，老教父对他的儿子说道："你有花时间陪家人吗？一个不抽空陪家人的男人，不是真正的男人。"的确，无论是男人还是女人，都要面临着事业和家庭两难的选择，但是我们依然可以通过努力将之兼顾。

邓超和孙俪都是著名的演员，两个人都非常忙，然而现在却是娱乐圈里的模范夫妻。邓超的哥们、著名编剧俞白眉曾经这样描述孙俪：演戏的时候，不管角色多小，都像个主角；生活的时候，不管地位多高，都像个群演。

生活中，孙俪坚持亲自照顾孩子，外出工作也不忘和孩子视频聊天，还带着孩子做家务、亲近大自然。邓超曾经透露，有时他拍戏回来晚了，孙俪会特意算好他回家的时间，给他备一碗温热的汤或者糖水。

她对邓超的照顾细致到了一三五吃什么，饭前饭后吃什么，卸妆要用什么。孙俪到美丽的地方拍戏就要寄明信片回家。

邓超和孙俪两个人把生活和工作分得清楚，又用时不时的浪漫保持婚姻的热情，所以他们的家庭并没有因为两个人都忙而受到影响，演艺事业也没有因为家庭的拖累而停滞不前。

  金星曾说过婚姻的最高境界是共修，共修的意思就是两个人互相帮助对方成长，婚姻能走多远不在于一个人跑多远，而是两个人能一起跑多远。人们都说"百年修得同船渡，千年修得共枕眠"，经营得当，事业和婚姻是可以做到兼顾的，就看有没有这个态度和决心了。并不是所有人都能够做到在百忙中还找时间陪家人的，这需要两个人的共同努力，也需要理解和包容。

6. 我的人生不需要解释，看就可以了

金星曾在节目中调侃过范冰冰，招来众多范冰冰粉丝在她微博围攻，对此金星表示："我从来没有'撕'过范冰冰。因为范冰冰是个这么努力的艺人，我希望她有更好的作品出现，期待。当然，范冰冰也没认为我'撕'她。"金星和范冰冰两个人还在随后的某个活动中一起出现，两个人互相拥抱。

金星的微博里有各种各样的评论，她从未想过关闭评论，她认为现在网络时代关评论是没有用的，对于他人对自己的指责和谩骂，金星说："时间会证明一切，我的人生不需要解释，看就可以了。"

网上曾经流行一句话："彪悍的人生不需要解释。"意思就是说自己想做的事情就去做，不需要向别人解释理由，不需要在意外界的眼光，想做就去做。俞敏洪说过："人的一生是奋斗的一生，但是有的人一生过得很伟大，有的人一生过得很琐碎。如果我们有一个伟大的理想，有一颗善良的心，一定能把很多琐碎的日子堆砌起来，变成一个伟大的生命。但是如果你每天庸庸碌碌，没有理想，从此停止进步，那未来你一辈子的日子堆积起来将永远是一堆琐碎。"

马云说："我不敢提'成功'两个字，每次一说'成功'，就一定会出事。我觉得自己是一个非常普通、非常平凡的人，只不过抓住机遇发展了起来。我只想证明一点，我们这些人能成功，关键是我们想到了就干，并且以自己的方式在干。"光有想法不能没有行动，很多人在意外界的眼光，但其实有时候就需要有点我行我素的态度，把自己心中所想付诸实现。

有两个美国年轻人一同搭船到异国闯天下，他们是约翰和罗伯特。二人下了码头后，看着海上的豪华游艇从面前缓缓而过，两人都非常羡慕。约翰对罗伯特说："如果有一天我也能拥有这么一艘船，那该有多好。"罗伯特也点头表示同意。

吃午饭的时间到了，他们都觉得肚子有些饿了，两人四处看了看，发现

有一个快餐车旁围了好多人,生意似乎不错。约翰就对罗伯特说:"我们不如也来做快餐的生意吧!"罗伯特说:"嗯!这主意似乎是不错。可是你看旁边的咖啡厅生意也很好,不如再看看吧!"两人没有统一意见,于是就此各奔东西了。

两人分别后,约翰马上选择一个不错的地点,把所有的钱投资做快餐。他不断努力,经过几年的用心经营,已经拥有了很多家快餐连锁店,积累了一大笔钱财,他为自己买了一艘游艇,实现了他自己的梦想。

这一天,他出去游玩,发现了一个衣衫褴褛的男子从远处走了过来,那人就是当年与他一起来闯天下的罗伯特。他兴奋地问罗伯特:"这几年你都在做些什么?"罗伯特回答说:"几年间,我每时每刻都在想:我到底该做什么呢?"

马云表示:"很多创业者都想想这个条件不够,那个条件没有,这个条件也不具备,该怎么办?我觉得创业者最重要的是创造条件,如果机会都成熟的话,一定轮不到我们,所以一般大家都觉得这是好机会,我认为往往已经不是你的机会了。当你坚信这事情能够做起来的时候,给自己一个承诺说我准备干五年,我准备干十年,干二十年把它干出来,我相信你就会走得很久。"

想到就去做,总要比整天幻想而不行动要强得多。很多人做事前总有担忧,在意外界质疑的眼光,还要向外界解释自己为什么要这么做,其实没必要的,我们做好自己就行了,把自己的想法付诸行动,用行动来向外界证明,这种方式是最能被人们认可的。

7. 满满都是正能量

金星不只有辛辣的社会评论,更有营养丰富的"鸡汤",金星在节目中一直不停地传播正能量的观点:

1．偏见往往是因为不了解并止步于不了解,要赶走偏见,就别轻易在了解之前轻易下判断。

2．填充自己等待机会,表面上是忍,骨子里是不妥协。因为就算我忍的时候,我心里也清楚我是为什么忍,是为了更大的一个目标,能走得更远。

3．往下跌的时候能为自己亮着,被人捧的时候也能为自己守着,一如既往。

金星时常会传达充满正能量的观点,这是她内心的写照,她是一个积极乐观的人,她也愿意把这些积极乐观带给大家,所以金星身上总有正能量的表现,言谈举止间也是满满的正能量。

正能量本来是一个物理学上的名词,霍金《时间简史》中写到:宇宙中的物质是由正能量组成的。延伸开来,正能量指的是一种健康乐观、积极向上的动力和情感。正能量这个词现在越来越流行,简单来说就是一种积极向上的心态,遇到难事不退缩、不抱怨,遭遇波折也能微笑面对,心中从不曾有负面的阴霾。

生活需要积极的心态,来面对那些不如意的事情。苏轼原为翰林大学士,但因为做诗讽刺新法,"文字毁谤君相"的罪名,被捕下狱,史称"乌台诗案"。出狱以后,苏轼被降职为黄州团练副使。这个职位相当低微,并无实权,而此时苏轼经此一役已变得心灰意冷,于是便带领家人开垦城东的一块坡地,种田帮补生计。"东坡居士"的别号便是他在这时起的。

苏轼开始在那里种田、写诗,他游于山水,纵览大江大河,他的情感和思想得到了进一步升华,所以他那时候写出了最好的诗。后来苏轼又被流放到海南岛,他已经六十高龄,气候不好、饮食很差,住在茅草屋里,可是他依然办学堂教书，写书，游山玩水，而且还追寻美食，在吃过蚝肉后，觉得是空前的美味，甚至开玩笑似地告诫儿子要保密，"恐北方君子闻之，争欲为东坡所为，求谪海南，分我此美也"。

著名作家卢梭曾经这样感慨道："如果没有出生在世，我就无法听到踩在脚底的雪发出的吱吱声，无法闻到木材燃烧的香味，也无法看到人们眼中爱的光芒，更不能享受到因为自己的奋斗而带来成功的快乐……能活在世间，是一件多么幸运的事啊！我为什么不尽情的享受生活的每一天？"

美国的心理学家曾经对一百多个国家和地区的一万多人进行详细调查，发现快乐是人类特有的一种心理感受，和种族、年龄、职业、地位及个人占有财富没有内在的联系，快乐属于每个人自己。物质财富的增长和内心深处的快乐不能成正比。

装了一半水的杯子，乐观的人看到的是半杯水，悲观的人看到的是半个空杯。——无论你怎么看，那个杯子都是装了一半的水，不以你的意志为转移，那还不如让自己满足一点、正能量一点。

就像一枚硬币一样，有正面有反面，我们为什么不选择积极向上那一面呢？美国成功学学者拿破仑·希尔关于心态的意义说过这样一段话："人与人之间只有很小的差异，但是这种很小的差异却造成了巨大的差异！很小的差异就是所具备的心态是积极的还是消极的，巨大的差异就是成功和失败。"每个人都喜欢与心态积极的人交往，因为心态积极向上、充满正能量的人会经常面带微笑，给人以美好乐观的形象。

有正能量的人，每天都会像一个小太阳一样充满活力，用这种活力去感染身边的人，让整个生活都变得阳光起来。

8. 你越不功利，生活对你越是宽厚

记者问金星："现在工作很忙，还会接更多的节目吗？"金星回答说："不知道，慢慢看呗。来了我就做，做就做好，无论大小都做好就完事儿了。至于机遇怎么产生那是以后的事情，不是我的目的。我越不功利，生活给予我越宽厚的东西。"

金星做事没有功利心，她办金星舞蹈团的时候都不知道能不能办下去，更别提挣钱了，她做事业全凭心中的执着追求。金星现在做很多事也不会功利对待，她会首先考虑该不该做，能不能做好，很少去考虑做这件事情能赚多少钱、能带来多少利益，她不愿意把生活的很多方面都掺入金钱的味道。

凡事沾上"功利"二字，就开始变了味道，当你有了功利之心，就会开始计较，"做这件事有没有利啊""做这件事值不值得啊""这么做会赚得更多吗"……

其实很多事情都是无法如此衡量的，一件事情的该不该做也不是由金钱所决定的，所以必须放下功利的心态。马云说："我一直认为，不管做任何事都不能有功利心。我没有什么功利心，我只是想证明，我们这代人通过努力是可以做一件伟大的事情。"

新东方总裁俞敏洪在青岛大学做演讲时说："我们现在做事情通常有两种状态：第一种是能对现在的情况产生即时好处的事；第二种是能奠定未来发展基础的事。我们人生真正的基础一定不是做一点现在就有好处的事情就能实现的。"他告诫同学们做事要剔除功利心，机会总是留给有准备的人。

俞敏洪说自己在北大读书和教学的十年间，除去教科书，他平均每年都要阅读200本书。这一习惯他一直坚持到现在，而今他的藏书已经超过3万本，家里的每一面墙都做成了书架。他告诉同学们，他从来没有想过自己看书和背单词会对自己的未来产生怎样的影响，而这一切毫无功利性的努力，奠定了他人生的基础，成就了今天的他和新东方。

有一句话叫"只问耕耘不问收获"，但有求功求利的心理从某种角度来说是好事，也是一个人积极进取的动力，通过自己双手的努力获得财富是一个人立足社会的基本，怕的就是由功利逐渐演变成急功近利，对待功名利禄太过执着。如果执着于利益得失，不但会伤了自己，也会伤了别人。

　　国学大师梁启超在给孩子的家信中写道："将来成就如何，现在想他则甚？着急他则甚？一面不可骄盈自慢，一面又不可怯弱自馁，尽自己能力做去，做到哪里是哪里，如此则可以无入而不自得，而于社会亦总有多少贡献。我一生学问得力专在此一点，我盼望你们都能应用我这点精神。"

　　一位纽约的百万富翁在回顾自己的成功之路时感慨万千。当年，他在一家百货公司的薪水最初只有每周七美元五十美分，刚到公司的时候，他和公司签订了五年的劳动合同，约定这五年内薪水保持不变。

　　但他暗下决心：他一定要让老板们知道，他绝不比公司中的任何一个人逊色，他是最优秀的人。于是他拼命努力工作，逐步赢得了老板认可，老板开始给他委以重任，两年之后，他已经在公司里占据了举足轻重的地位。另一家公司愿意以三千美元的年薪聘用他，被他拒绝了。

　　他从来没跟公司开口涨薪，但是公司却每年给他提高薪水，直到每年一万美金。这笔钱成了他日后创业的资本。

　　这就是一种不功利的态度，有时候不计后果地去做事往往能够得到最好的回报。很多事在做之前仿佛毫无意义，既赚不到钱又浪费时间，但是如果坚持做下去，往往就会有意外的收获。